使いやすい！教えやすい！家庭学習に最適の問題集！

愛知県版私立小学校 南山大学附属小学校 名進研小学校

JN126623

2023年度版

過去問題集

<問題集の効果的な使い方>

①お子さまの学習を始める前に、まずは保護者の方が「入試問題」の傾向や難しさを確認・把握します。その際、すべての「学習のポイント」にも目を通しましょう。

②入試に必要なさまざまな分野学習を先に行い、基礎学力を養ってください。

③学力の定着が窺えたら「過去問題」にチャレンジ!

④お子さまの得意・苦手がわかったら、さらに分野学習を進め、レベルアップを図りましょう!

必ずおさえたい問題集

南山大学附属小学校

お話の記憶	お話の記憶 初級編
推理	Jr・ウォッチャー31「推理思考」
言語	Jr・ウォッチャー60「言葉の音（おん）」
図形	Jr・ウォッチャー46「回転図形」
行動観察	Jr・ウォッチャー29「行動観察」

名進研小学校

お話の記憶	お話の記憶 中級編
図形	Jr・ウォッチャー53「四方からの観察　積み木編」
推理	Jr・ウォッチャー31「推理思考」
数量	Jr・ウォッチャー14「数える」
常識	Jr・ウォッチャー27「理科」、55「理科②」

●資料提供●
エコール・ドゥ・アンファン
小学校受験部

ISBN978-4-7761-5458-7

C6037 ¥2300E

9784776154587

日本学習図書 ニチガク

定価　本体2,300円＋税

1926037023005

ニチガクの家庭学習支援

Web学習サポートサービス

こんなこと…ありませんか？

「ニチガクの問題集…買ったはいいけど、、、
この問題の教え方がわからない（汗）」

メールでお悩み解決します！

☆ ホームページ内の専用フォームで必要事項を入力！
☆ 教え方に困っているニチガクの問題を教えてください！
☆ 確認終了後、具体的な指導方法をメールでご返信！
☆ 全国どこでも！ スマホでも！ ぜひご活用ください！

<質問回答例>

学習のポイント

推理分野の学習では、後の学習に活きる思考力を養うことができます。ご家庭で指導する場合にも、テクニックにたよらず、保護者の方が先に基本的な考え方を理解した上で、お子さまによく考えさせることを大切にして指導してください。

Q.「お子さまによく考えさせることを大切にして指導してください」と学習のポイントにありますが、考える習慣をつけさせるためには、具体的にどのようにしたらいいですか？

A.お子さまが考える時間を持てるように、質問の仕方と、タイミングに工夫をしてみてください。
たとえば、「答えはあっているけど、どうやってその答えを見つけたの」「答えは○○なんだけど、どうしてだと思う？」という感じです。はじめのうちは、「必ず30秒考えてから手を動かす」などのルールを決める方法もおすすめです。

まずは、ホームページへアクセスしてください!!

http://www.nichigaku.jp　日本学習図書　検索

分野別 小学入試練習帳 ジュニアウォッチャー

1. 点・線図形	小学校入試で出題頻度の高い『点・線図形』の模写を、難易度の低いものから段階別に幅広く練習することができるように構成。
2. 座標	図形の位置模写という作業を、難易度の低いものから段階別に練習できるように構成。
3. パズル	様々なパズルの問題を難易度の低いものから段階別に練習できるように構成。
4. 同図形探し	小学校入試で出題頻度の高い、同図形選びの問題を繰り返し練習できるように構成。
5. 回転・展開	図形などを回転、または展開したとき、形がどのように変化するかを学習し、理解を深められるように構成。
6. 系列	数、図形などの様々な系列問題を、難易度の低いものから段階別に練習できるように構成。
7. 迷路	迷路の問題を繰り返し練習できるように構成。
8. 対称	対称に関する問題を4つのテーマに分類し、各テーマごとに問題を段階別に練習できるように構成。
9. 合成	図形の合成に関する問題を、難易度の低いものから段階別に練習できるように構成。
10. 四方からの観察	もの（立体）を様々な角度から見て、どのように見えるかを推理する問題を段階別に整理し、1つの形式で複数の問題を練習できるように構成。
11. いろいろな仲間	ものや動物、植物の共通点を見つけ、分類していく問題を中心に構成。
12. 日常生活	日常生活における様々な問題を6つのテーマに分類し、各テーマごとに一つの問題形式で複数の問題を練習できるように構成。
13. 時間の流れ	『時間』に着目し、様々なものごとは、時間が経過するとどのように変化するのかということを学習し、理解できるように構成。
14. 数える	様々なものを『数える』ことから、数の多少の判定やかけ算、わり算の基礎までを練習できるように構成。
15. 比較	比較に関する問題を5つのテーマ（数、高さ、長さ、量、重さ）に分類し、各テーマごとに問題を段階別に練習できるように構成。
16. 積み木	数える対象を積み木に限定した問題集。
17. 言葉の音遊び	言葉の音に関する問題を5つのテーマに分類し、各テーマごとに問題を段階別に練習できるように構成。
18. いろいろな言葉	表現力をより豊かにするいろいろな言葉として、擬態語や擬声語、同音異義語、反意語、数詞を取り上げた問題集。
19. お話の記憶	お話を聴いてその内容を記憶、理解し、設問に答える形式の問題集。
20. 見る記憶・聴く記憶	「見て憶える」「聴いて憶える」という『記憶』分野に特化した問題集。
21. お話作り	いくつかの絵を元にしてお話を作る練習をして、想像力を養うことができるように構成。
22. 想像画	描かれてある形や景色に好きな絵を描くことにより、想像力を養うことができるように構成。
23. 切る・貼る・塗る	小学校入試で出題頻度の高い、はさみやのりなどを用いた巧緻性の問題を繰り返し練習できるように構成。
24・絵画	小学校入試で出題頻度の高い、お絵かきやぬり絵などクレヨンやクーピーペンを用いた巧緻性の問題を繰り返し練習できるように構成。
25. 生活巧緻性	小学校入試で出題頻度の高い日常生活の様々な場面における巧緻性の問題集。
26. 文字・数字	ひらがなの清音、濁音、拗音、拗長音、促音と1～20までの数字に焦点を絞り、練習できるように構成。
27. 理科	小学校入試で出題頻度が高くなりつつある理科の問題を集めた問題集。
28. 運動	出題頻度の高い運動問題を種目別に分けて構成。
29. 行動観察	項目ごとに問題提起をし、「このような時はどうか、あるいはどう対処するのか」の観点から問いかける形式の問題集。
30. 生活習慣	学校から家庭に提起された問題と思って、一問一問絵を見ながら話し合い、考える形式の問題集。
31. 推理思考	数、量、言語、常識（含理科、一般）など、諸々のジャンルから問題を構成し、近年の小学校入試問題傾向に沿って構成。
32. ブラックボックス	箱や筒の中を通ると、どのようなお約束でどのように変化するかを推理・思考する問題集。
33. シーソー	重さの違うものをシーソーに乗せた時どちらに傾くのか、またどうすればシーソーは釣り合うのかを思考する基礎的な問題集。
34. 季節	様々な行事や植物などを季節別に分類できるように知識をつける問題集。
35. 重ね図形	小学校入試で頻繁に出題されている「図形を重ね合わせてできる形」についての問題を集めました。
36. 同数発見	様々な物を数え「同じ数」を発見し、数の多少の判断や数の認識の基礎を学べるように構成した問題集。
37. 選んで数える	数の学習の基本となる、いろいろなものの数を正しく数える学習を行う問題集。
38. たし算・ひき算1	数字を使わず、たし算とひき算の基礎を身につけるための問題集。
39. たし算・ひき算2	数字を使わず、たし算とひき算の基礎を身につけるための問題集。
40. 数を分ける	数を等しく分ける問題です。等しく分けたときに余りが出るものもあります。
41. 数の構成	ある数がどのような数で構成されているか学んでいきます。
42. 一対多の対応	一対一の対応から、一対多の対応まで、かけ算の考え方の基礎学習を行います。
43. 数のやりとり	あげたり、もらったり、数の変化をしっかりと学びます。
44. 見えない数	指定された条件から数を導き出します。
45. 図形分割	図形の分割に関する問題集。パズルや合成の分野にも通じる様々な問題を集めました。
46. 回転図形	「回転図形」に関する問題集。やさしい問題から始め、いくつかの代表的なパターンから、段階を踏んで学習できるよう編集されています。
47. 座標の移動	「マス目の指示通りに移動する問題」と「指示された数だけ移動する問題」を収録。
48. 鏡図形	鏡で左右反転させた時の見え方を考えます。平面図形から立体図形、文字、絵まで。
49. しりとり	すべての学習の基礎となる「言葉」を学ぶこと、特に「語彙」を増やすことに重点をおき、さまざまなタイプの「しりとり」問題を集めました。
50. 観覧車	観覧車やメリーゴーラウンドなどを舞台にした「回転系列」の問題集。「推理思考」分野の問題ですが、要素として「図形」や「数量」も含みます。
51. 運筆①	鉛筆の持ち方を学び、点線なぞり、お手本を見ながらの模写で、線を引く練習をします。
52. 運筆②	運筆①からさらに発展し、「欠所補完」や「迷路」などを楽しみながら、より複雑な鉛筆運びを習得することを目指します。
53. 四方からの観察 積み木編	積み木を使用した「四方からの観察」に関する問題を練習できるように構成。
54. 図形の構成	見本の図形がどのような部分によって形づくられているかを考えます。
55. 理科②	理科的知識に関する問題を集中して練習する「常識」分野の問題集。
56. マナーとルール	道路や駅、公共の場でのマナー、安全や衛生に関する常識を学べるように構成。
57. 置き換え	さまざまな具体的・抽象的事象を記号で表す「置き換え」の問題を扱います。
58. 比較②	長さ・高さ・体積・数などを数学的な知識を使わず、論理的に推測する「比較」の問題を練習できるように構成。
59. 欠所補完	線と線のつながり、欠けた絵に当てはまるものなどを求める「欠所補完」に取り組める問題集です。
60. 言葉の音（おん）	しりとり、決まった順番の音をつなげるなど、「言葉の音」に関する問題に取り組める練習問題集です。

図書カード1000円分プレゼント

ご記入日 令和　　年　　月　　日

☆国・私立小学校受験アンケート☆

※可能な範囲でご記入下さい。選択肢は○で囲んで下さい。

〈小学校名〉＿＿＿＿＿＿＿＿＿＿＿＿＿＿　〈お子さまの性別〉男・女　〈誕生月〉＿＿月

〈その他の受験校〉（複数回答可）＿＿＿＿＿＿＿＿＿＿＿＿＿＿＿＿＿＿＿＿

〈受験日〉①：＿＿月＿＿日　〈時間〉＿＿時＿＿分　～　＿＿時＿＿分

②：＿＿月＿＿日　〈時間〉＿＿時＿＿分　～　＿＿時＿＿分

〈受験者数〉男女計＿＿名（男子＿＿名　女子＿＿名）

〈お子さまの服装〉＿＿＿＿＿＿＿＿＿＿＿＿＿＿＿＿＿＿

〈入試全体の流れ〉（記入例）準備体操→行動観察→ペーパーテスト

＿＿＿＿＿＿＿＿＿＿＿＿＿＿＿＿＿＿＿＿＿＿＿＿＿＿

Eメールによる情報提供

日本学習図書では、Eメールでも入試情報を募集しております。

下記のアドレスに、アンケートの内容をご入力の上、メールをお送り下さい。

ojuken@nichigaku.jp

●行動観察　（例）好きなおもちゃで遊ぶ・グループで協力するゲームなど

〈実施日〉＿＿月＿＿日　〈時間〉＿＿時＿＿分　～　＿＿時＿＿分　〈着替え〉□有　□無

〈出題方法〉□肉声　□録音　□その他（　　　　　　）　〈お手本〉□有　□無

〈試験形態〉□個別　□集団（　　　人程度）

〈会場図〉

〈内容〉

□自由遊び

＿＿＿＿＿＿＿＿＿＿＿＿＿＿＿＿＿＿＿＿

□グループ活動

＿＿＿＿＿＿＿＿＿＿＿＿＿＿＿＿＿＿＿＿

□その他

＿＿＿＿＿＿＿＿＿＿＿＿＿＿＿＿＿＿＿＿

●運動テスト（有・無）　（例）跳び箱・チームでの競争など

〈実施日〉＿＿月＿＿日　〈時間〉＿＿時＿＿分　～　＿＿時＿＿分　〈着替え〉□有　□無

〈出題方法〉□肉声　□録音　□その他（　　　　　　）　〈お手本〉□有　□無

〈試験形態〉□個別　□集団（　　　人程度）

〈会場図〉

〈内容〉

□サーキット運動

□走り　□跳び箱　□平均台　□ゴム跳び

□マット運動　□ボール運動　□なわ跳び

□クマ歩き

□グループ活動＿＿＿＿＿＿＿＿＿＿＿＿＿＿

□その他＿＿＿＿＿＿＿＿＿＿＿＿＿＿＿＿

●知能テスト・口頭試問

〈実施日〉　　月　　日　〈時間〉　　時　　分　～　　時　　分　〈お手本〉□有　□無

〈出題方法〉　□肉声　□録音　□その他（　　　　　　）〈問題数〉　　枚　　問

分野	方法	内　　　容	詳　細・イ　ラ　ス　ト
（例） お話の記憶	☑筆記 □口頭	動物たちが待ち合わせをする話	（あらすじ） 動物たちが待ち合わせをした。最初にウサギさんが来た。次にイヌくんが、その次にネコさんが来た。最後にタヌキくんが来た。 （問題・イラスト）  ３番目に来た動物は誰か
お話の記憶	□筆記 □口頭		（あらすじ） （問題・イラスト）
図形	□筆記 □口頭		
言語	□筆記 □口頭		
常識	□筆記 □口頭		
数量	□筆記 □口頭		
推理	□筆記 □口頭		
その他	□筆記 □口頭		

●制作　（例）ぬり絵・お絵かき・工作遊びなど

〈実施日〉＿＿月＿＿日〈時間〉＿＿時＿＿分＿＿～＿＿時＿＿分

〈出題方法〉 □肉声 □録音 □その他（　　　　　）〈お手本〉□有 □無

〈試験形態〉 □個別 □集団（　　　人程度）

材料・道具	制作内容
□ハサミ □のり（□つぼ □液体 □スティック） □セロハンテープ □鉛筆 □クレヨン（　色） □クーピーペン（　色） □サインペン（　色）□ □画用紙（□ A4 □ B4 □ A3 □その他：　　　　） □折り紙 □新聞紙 □粘土 □その他（　　　　）	□切る □貼る □塗る □ちぎる □結ぶ □描く □その他（　　　　） タイトル：＿＿＿＿＿＿＿＿

●面接

〈実施日〉＿＿月＿＿日〈時間〉＿＿時＿＿分＿＿～＿＿時＿＿分〈面接担当者〉＿＿名

〈試験形態〉□志願者のみ（　　）名 □保護者のみ □親子同時 □親子別々

〈質問内容〉

□志望動機　□お子さまの様子

□家庭の教育方針

□志望校についての知識・理解

□その他（　　　　　　　　）

（詳　細）

・

・

・

・

※試験会場の様子をご記入下さい。

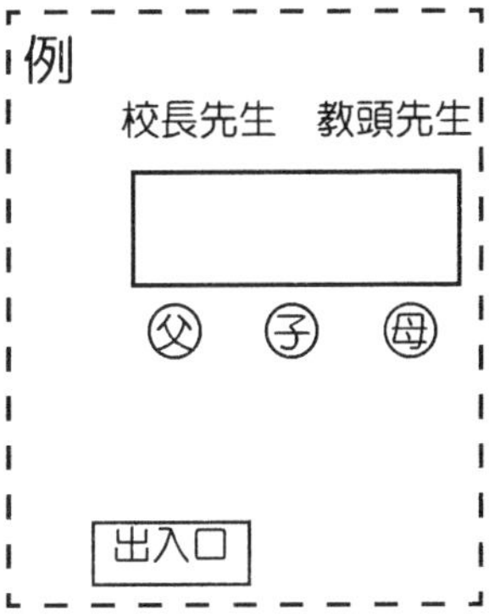

●保護者作文・アンケートの提出（有・無）

〈提出日〉 □面接直前 □出願時 □志願者考査中 □その他（　　　　　　）

〈下書き〉 □有 □無

〈アンケート内容〉

（記入例）当校を志望した理由はなんですか（150 字）

●**説明会（□有　□無）**〈開催日〉＿＿月＿＿日〈時間〉＿＿時＿＿分　〜　＿＿時＿＿分

〈上履き〉□要　□不要　〈願書配布〉□有　□無　〈校舎見学〉□有　□無

〈ご感想〉

●**参加された学校行事**（複数回答可）

公開授業〈開催日〉＿＿月＿＿日〈時間〉＿＿時＿＿分　〜　＿＿時＿＿分

運動会など〈開催日〉＿＿月＿＿日〈時間〉＿＿時＿＿分　〜　＿＿時＿＿分

学習発表会・音楽会など〈開催日〉＿＿月＿＿日〈時間〉＿＿時＿＿分　〜　＿＿時＿＿分

〈ご感想〉

※是非参加したほうがよいと感じた行事について

●**受験を終えてのご感想、今後受験される方へのアドバイス**

※対策学習（重点的に学習しておいた方がよい分野）、当日準備しておいたほうがよい物など

＊＊＊＊＊＊＊＊＊＊＊＊　ご記入ありがとうございました　＊＊＊＊＊＊＊＊＊＊＊＊

必要事項をご記入の上、ポストにご投函ください。

なお、本アンケートの送付期限は入試終了後３ヶ月とさせていただきます。また、入試に関する情報の記入量が当社の基準に満たない場合、謝礼の送付ができないことがございます。あらかじめご了承ください。

ご住所：〒＿＿＿＿＿＿＿＿＿＿＿＿＿＿＿＿＿＿＿＿

お名前：＿＿＿＿＿＿＿＿＿＿　メール：＿＿＿＿＿＿＿＿＿＿

ＴＥＬ：＿＿＿＿＿＿＿＿＿＿　ＦＡＸ：＿＿＿＿＿＿＿＿＿＿

ご記入頂いた個人に関する情報は、当社にて厳重に管理致します。弊社の個人情報取り扱いに関する詳細は、www.nichigaku.jp/policy.php の「個人情報の取り扱い」をご覧下さい。

目指せ！合格！

家庭学習ガイド
南山大学附属小学校

ペーパー　巧緻性　制作　口頭試問　親子面接

入試情報

募集人数：男女90名
応募者数：男子96名　女子135名（2022年度）
出題形態：ペーパー、ノンペーパー
面　　接：保護者・志願者
出題領域：ペーパー（数量、図形、推理、言語、常識、お話の記憶、巧緻性）、制作、行動観察

受験にあたって

2023年度入試の考査は男女ともに11月5日（土）面接は、女児11月5日（土）、12日（土）、男児19日（土）の3日間の日程です。2020年度入試までは、1次試験（考査）通過者に対して2次試験として面接が行われていましたが、2021年度から志願者全員に対して面接が実施されるようになりました。学校からも考査と面接を1つの試験としてとらえるというアナウンスがあったように、より多面的・総合的に判断されるようになります。

ペーパーテストでは、数量、図形、推理、言語、常識、お話の記憶、巧緻性の分野から出題されました。出題分野は幅広いですが、出題内容は基礎的な内容が大半なのでしっかりと基礎固めをしておけば充分に対応できるでしょう。例年と違い、2022年度は消しゴムの使用が認められませんでした。その点を踏まえ、消しゴムを使用せずに問題を解く練習をしましょう。また、回答を間違えた時の指示をしっかりと聴き、対応できるようにしましょう。ノンペーパーテストでは、行動観察が行われず、折り紙と口頭試問のみ実施されました。

志願者の考査中には、保護者向けにアンケートが実施されました。「本校を選んだ理由」「本校の理念のどんなところに魅力を感じたのか」「Web学校説明会には参加したか」「Web説明会で最も関心を持ったことは何か」「Web説明会でもっと聞きたかったことはあったか」「お子さまは塾に通っているか」「入試学校説明会に参加したか」「本校入試広報活動や説明会で気になったこと」といった内容で、無記名のアンケートでした。

目指せ！合格！

家庭学習ガイド
名進研小学校

ペーパー　制作　運動　口頭試問　行動観察　親子面接

入試情報

募集人数：男女約90名
応募者数：非公表
出題形態：ペーパー、ノンペーパー
面　　接：保護者・志願者
出題領域：ペーパー（数量、図形、推理、言語、常識、お話の記憶）、制作、運動、口頭試問、行動観察

受験にあたって

当校の入学試験では、開校以来一貫して、学習適応検査、制作能力検査、運動能力検査、行動観察検査という形で考査が行われています。2023年度から考査と面接を1日で行う形態となり、試験時間は合計で2時間を超えるものと思われます。

ペーパーテストは、数量、図形、推理、言語、常識、お話の記憶の分野から出題されました。例年通りですが、幅広い出題分野となっているので、しっかりと対策をとっておきましょう。当校のペーパーテストは基礎レベルの問題内容ですが、解答方法が独特なものがあるので、最後までしっかりと問題を聞くようにしましょう。日頃の学習でも、出題方法を変えるなどして、練習を積んでおくとよいでしょう。

運動テストは、課題そのものは難しくありませんが、指示が複雑です。指示がうまく聞き取れないと混乱してしまう可能性があります。よく聞いて、何をすればよいのか理解して取り組むことが大切です。

行動観察は、集団での活動ではなく、ゲーム形式のものでした。ここでも指示通りの行動ができるかどうかが観られています。

2021年度入試では、試験で使う道具（2Ｂ鉛筆5本、クーピーペンシル12色、消しゴム、ハサミ、スティックのり、カッター付きセロハンテープ）をジッパー付きの袋に入れて持参するという指示がありました。2023年度入試でも同様の持参物が考えられるので、準備をしておくとよいでしょう。

愛知県版
私立小学校
過去問題集

〈はじめに〉

現在、少子化が叫ばれているにもかかわらず、国立・私立小学校の入学試験には一定の応募数があります。入試は、ただやみくもに学習するだけでは成果を得ることはできません。志望校の過去における出題傾向を研究・把握した上で、練習を進めていくこと、その上で試験までに志願者の不得意分野を克服していくことが必須条件です。そこで、本問題集は小学校を受験される方々に、志望校の出題傾向をより詳しく知って頂くために、過去に遡り出題頻度の高い問題を結集いたしました。最新のデータを含む精選された過去問題集で実力をお付けください。

また、志望校の選択には弊社発行の「**2023年度版 近畿圏・愛知県 国立・私立小学校 進学のてびき**」をぜひ参考になさってください。

〈本書ご使用方法〉

◆出題者は出題前に一度問題を通読し、出題内容などを把握した上で、〈 準 備 〉の欄に表記してあるものを用意してから始めてください。

◆お子さまに絵の頁を渡し、出題者が問題文を読む形式で出題してください。ただし、問題を読んだ後で絵の頁を渡す問題もありますのでご注意ください。

◆「**分野**」は、問題の分野を表しています。弊社の問題集の分野に対応していますので、復習の際の目安にお役立てください。

◆一部の描画や工作、常識等の問題については、解答が省略されているものがあります。お子さまの答えが成り立つか、出題者が各自でご判断ください。

◆〈 **時 間** 〉につきましては、目安とお考えください。

◆【**おすすめ問題集**】は各問題の基礎力養成や実力アップにご使用ください。

〈本書ご使用にあたっての注意点〉

◆文中に **この問題の絵は縦に使用してください。** と記載してある問題の絵は縦にしてお使いください。

◆〈 準 備 〉の欄で、クレヨンと表記してある場合は12色程度のものを、画用紙と表記してある場合は白い画用紙をご用意ください。

◆文中に **この問題の絵はありません。** と記載してある問題には絵の頁がありませんので、ご注意ください。尚、問題の絵の右上にある番号が連番でなくても、中央下の頁番号が連番の場合は落丁ではありません。

下記一覧表の●がついている問題は絵がありません。

問題1	問題2	問題3	問題4	問題5	問題6	問題7	問題8	問題9	問題10
問題11	問題12	問題13	問題14	問題15	問題16	問題17	問題18	問題19	問題20
●									
問題21	問題22	問題23	問題24	問題25	問題26	問題27	問題28	問題29	問題30
		●	●	●					
問題31	問題32	問題33	問題34	問題35	問題36	問題37	問題38	問題39	問題40
							●	●	
問題41	問題42	問題43	問題44	問題45	問題46	問題47	問題48	問題49	
	●								

◎学習効果を上げるため、前掲の「家庭学習ガイド」をお読みになり、各校が実施する入試の出題傾向をよく把握した上で問題に取り組んでください。

※冒頭の「本書ご使用方法」「本書ご使用にあたっての注意点」も併せてご覧ください。

〈南山大学附属小学校〉

2022年度の最新問題

問題1　分野：お話の記憶

〈準 備〉　鉛筆

〈問 題〉　お話をよく聞いて、後の質問に答えてください。

明日は、クリスマスです。みなみさんは、クリスマスツリーに飾り付けをしていましたが、飾りが足りなくなってしまったので、明日、デパートへ買いに行くことにしました。しかし、次の日は、雪が降り積もってしまい、買いに行くことができませんでした。そこで、みなみさんは、弟と一緒に、折り紙でクリスマスツリーの飾りを作ることにしました。みなみさんは、茶色と緑色と水色の折り紙でツリーを作りました。そして、最後に黄色い折り紙で星を1つ作って、ツリーのてっぺんにつけました。弟は、赤い折り紙で、サンタさんのブーツとろうそくを作りました。お母さんが「すごいね」とほめてくれました。クリスマスの日には、お母さんが焼いた七面鳥を食べて、家族みんなでクリスマスを楽しみました。

①みなみさんと一緒に折り紙でツリーの飾りを作った人は誰ですか。○をつけてください。
②お話に出てきた料理は何ですか。○をつけてください。
③みなみさんと弟が作った折り紙のツリーはどれですか。○をつけてください。

〈時 間〉　各15秒

問題2　分野：推理（置き換え）

〈準 備〉　鉛筆

〈問 題〉　上の太線の中の絵を見てください。歯ブラシの隣には縦の線が2本、コップの隣には縦の線が1本、ハサミの隣は○、消しゴムの隣は×が書かれています。このお約束の通りに下の絵の四角の中に印を書きましょう。

〈時 間〉　2分

問題3　分野：言語（様子を表す言葉）

〈準備〉　鉛筆

〈問題〉　この絵の中で、「のぼる」という表現をするものには○、「ねじる」という表現をするものには×をつけてください。

〈時間〉　１分

問題4　分野：記憶（お話の記憶）

〈準備〉　鉛筆

〈問題〉　ハトの兄弟が仲良く暮らしているお家は、黒い屋根のお家です。屋根には長四角の煙突がついています。お家は、2階建てで、１階は四角い窓が2つ、2階には四角い窓が3つあり、窓は全部で5つです。窓にはカーテンがかかっています。今のお話に合う、ハトの兄弟のお家はどれですか。○をつけてください。

〈時間〉　各15秒

問題5　分野：比較（長さ・大きさ）

〈準備〉　鉛筆

〈問題〉　５匹の動物が、それぞれ風船を持っています。この絵を見て次の質問に答えてください。
①１番大きい風船に○をつけてください。
②２番目に長いひもの風船を持っている動物に△をつけてください。
③１番長いひもの風船を持っている動物に□をつけてください。

〈時間〉　15秒

問題6　分野：巧緻性（運筆）

〈準備〉　鉛筆

〈問題〉　白い星から黒い星まで、鉛筆を離さずにしっかりと点線をなぞってください。

〈時間〉　１分15秒

問題7　分野：数量（数の比較）

〈準備〉　鉛筆

〈問題〉　それぞれの四角の中にあるものを数えて、数の多い方の絵の下の四角に○をつけてください。問題は、４枚ありますので、「やめ」と言われるまで、できるだけ沢山やりましょう。

〈時間〉　２分

問題8　分野：行動観察・運動

〈準備〉　段ボール、ゼッケン、「南の島のカメハメハ大王」の曲

〈問題〉　**この問題は絵を参考にしてください。**

『障害物ランニング』
教室を囲むように、段ボールが間隔を空けて置いてあります。スタート地点は2か所です。音楽「南の島のカメハメハ大王」の曲が流れ、スタートの合図とともに、ひとりずつ順番に、走りながら段ボールを飛び越えていきます。音楽が止まるまで走り続けましょう。走っている途中に笛が鳴ったら、その時は止まってください。前にいるお友だちを抜かしてはいけません。

〈時間〉　３分

問題9　分野：行動観察（集団行動、マナー・ルール）

〈準備〉　空き缶適当数（青と赤の350ml缶、白の500ml缶）、カゴ３つ、画用紙２枚

〈問題〉　**この問題は絵を参考にしてください。**

『缶積み』
ゼッケン番号前半は赤缶グループ、後半は青缶グループに分かれます。３つのカゴに、赤缶・青缶・白缶がバラバラに入っています。ゼッケン番号順ではなく、列に並んだ順にスタートします。画用紙の上に、自分のグループの色と同じ色の缶を3つ積み上げます。ただし、白い缶はどちらのグループも使うことができます。白缶は、少し背が高いので、ひとり1缶までしか使えません。3つ積んだら、列に戻り体操座りをして待ちます。時間内に高く積み上げたグループの勝ちとなります。

〈時間〉　10分

問題10　分野：行動観察（集団行動・マナー・ルール）

〈準備〉　ビニールボール適当数・的（トランプのマークや星、恐竜・お化けの絵などを20枚程度描いておく）・カゴ３つ

〈問題〉　**この問題は絵を参考にしてください。**

『的あて』
横一列に並び、皆んなで一斉に、正面にぶら下がっている的（20枚くらい）をめがけボールを投げます。ボールは３つのカゴの中に入っています。的の下にはカゴが置かれていて、当たったボールが入るようになっています。的には「当たりマーク」（♡・♠・♦・♧・☆）と、「はずれマーク」（お化け・河童・鬼・ろくろ首・ミイラ・三つ目小僧など）があり、「はずれマーク」の下のカゴは、ボールが入らないようになっています。ボールは、１つずつ投げましょう。「やめ」と言われたら、手にしているボールは投げずにカゴに戻し、その場で体育座りをします。

〈時間〉　５分

問題11　分野：面接（保護者面接・幼児面接）

〈準備〉　なし

〈問題〉　**この問題の絵はありません。**

【両親へ】
・お休みの日のお子様との過ごし方は、どのように考えられていますか。
・家族のコミュニケーションで、何か気を付けていることはありますか。
・最近のお子さまらしいエピソードを教えてください。
・愛情をどのように伝えていますか。
・お子様の宝物を知っていますか。
・お子様を育てていくうえで、どのような社会貢献を考えているか、エピソードを交えて教えてください。
・公立ではなく、私立の本校を選ばれた理由を教えてください。

【父親へ】
・本校はキリスト教精神に基づき、学校教育を行っていることはご存じだと思いますが、キリスト教については、どのようなイメージを持たれていますか。
・（インターナショナル幼稚園に通われている方に対して）
インターナショナルスクールを選ばれた特別な理由な何かありますか。
・お子さまは、幼稚園でどのようにお友だちと関わっていますか。
・進学に関して、兄弟で、行きたい学校が違った時は、どうされますか。

【母親へ】
・お通いの幼稚園の大体の園児数をご存じですか。
・お子さまは、お友だちを引っ張るタイプですか。ついていくタイプですか。
・お子さまには、将来どういう人になって欲しいと思っておられますか。

【志願者へ】
・朝ごはんは、何を食べましたか。
・幼稚園・保育園で、仲の良いお友だちを3人教えてください。
・幼稚園・保育園では、何をして遊びますか。
・幼稚園・保育園のことをお父さまやお母さまにお話ししますか。
・最近のお休みの日の中で、どこへ遊びに行ったのが楽しかったですか。
・最近、怒られたことがありますか。あれば、どんなことで怒られたか教えてください。
・習い事をしていますか。習い事をしているのであれば、どの習い事が一番好きですか。
・お父さま、お母さまの好きなところはどんなところですか。

〈時間〉　15分

家庭学習のコツ①　「先輩ママのアドバイス」を読みましょう！

本書冒頭の「先輩ママのアドバイス」には、実際に試験を経験された方の貴重なお話が掲載されています。対策学習への取り組み方だけでなく、試験場の雰囲気や会場での過ごし方、お子さまの健康管理、家庭学習の方法など、さまざまなことがらについてのアドバイスもあります。先輩ママの体験談、アドバイスに学び、ステップアップを図りましょう！

2021年度の過去問題

問題12　分野：数量（同数発見、ひき算）

〈準備〉　鉛筆、消しゴム

〈問題〉　①　左の四角を見てください。上の段と下の段で同じ数のものを見つけて線で結んでください。
②～④右の四角を見てください。リスが左の四角の中の数だけドングリを持っています。真ん中の四角の中の数だけ食べるとドングリはいくつになるでしょうか。右の四角の中にその数の分だけ○を書いてください。

〈時間〉　①40秒　②～④１分

［2021年度出題］

問題13　分野：数量（数を分ける、積み木）

〈準備〉　鉛筆、消しゴム

〈問題〉　①②左の四角を見てください。上の積み木の数にするためには、下の四角の中のどの積み木を合わせればよいですか。選んで○をつけてください。
③④右の四角を見てください。この積み木には見えない積み木が隠れています。下の四角の中にその数の分だけ○を書いてください。

〈時間〉　各30秒

［2021年度出題］

問題14　分野：図形（重ね図形、図形の重なり）

〈準備〉　鉛筆、消しゴム

〈問題〉　①②上の四角を見てください。左の２つの形は透明な紙に書かれています。この２つの形をそのまま重ねるとどうなるでしょうか。右の四角の中に描いてください。
③　下の四角を見てください。いくつかの形が重なっています。上から２番目に重なっているのはどの形でしょうか。その形に○をつけてください。

〈時間〉　①②40秒　③20秒

［2021年度出題］

問題15　分野：図形（回転図形）

〈準備〉　鉛筆、消しゴム

〈問題〉　左端の形を矢印の方向に１回まわすとどうなるでしょうか。選んで○をつけてください。

〈時間〉　１分

［2021年度出題］

問題16　分野：推理（迷路）

〈準備〉　鉛筆、消しゴム

〈問題〉　クマさんはリンゴを３つ持っています。お家に着いた時にリンゴが７つになるように道を進みながら線を引いてください。

〈時間〉　１分

［2021年度出題］

問題17　分野：推理（ブラックボックス）

〈準備〉　鉛筆、消しゴム

〈問題〉　１番上の段を見てください。箱を通るとイチゴの数はこのように変化します。では、下の段の右端の四角の中にはイチゴはいくつ入るでしょうか。四角の中にその数の分だけ○を書いてください。

〈時間〉　１分30秒

［2021年度出題］

問題18　分野：推理（比較、なぞなぞ）

〈準備〉　鉛筆、消しゴム

〈問題〉　これから短いお話をします。

①ブドウジュースはイチゴジュースよりたくさんあります。
オレンジジュースはブドウジュースよりたくさんあります。
では、１番たくさんあるジュースは何でしょうか。そのくだものを選んで○をつけてください。
②ライオンの部屋はクマの部屋より狭いです。
トラの部屋はクマの部屋より広いです。
では、１番狭い部屋は誰の部屋でしょうか。選んで○をつけてください。

次はなぞなぞをします。

③紙をくっつけるものは何でしょうか。選んで○をつけてください。
④空を飛んでいる黒いものは何でしょうか。選んで○をつけてください。

〈時間〉　各15秒

［2021年度出題］

問題19　分野：言語（尾音つなぎ）

〈準備〉　鉛筆、消しゴム

〈問題〉　ここに描いてある絵の最後の音をつなげるとどんな言葉になるでしょうか。下の四角の中から選んで○をつけてください。

〈時間〉　１分

［2021年度出題］

問題20　分野：常識（理科）

〈準 備〉　鉛筆、消しゴム

〈問 題〉　上の段の野菜を切った形が下の段にあります。正しい組み合わせになるように線で結んでください。

〈時 間〉　１分

［2021年度出題］

問題21　分野：お話の記憶

〈準 備〉　鉛筆、消しゴム

〈問 題〉　お話をよく聞いて、後の質問に答えてください。

妹がチョコレートを食べたベトベトの手で、お姉ちゃんが大切にしているクマのぬいぐるみを触ったので、しっぽが汚れてしまいました。お姉ちゃんが怒ったので妹は泣いてしまいました。次の日に妹が謝って仲直りしました。

①汚れてしまったのはどんな動物のぬいぐるみでしたか。選んで○をつけてください。
②ぬいぐるみは何で汚れてしまったのですか。選んで○をつけてください。
③ぬいぐるみが汚れてしまった時、お姉ちゃんはどんな気持ちでしたか。選んで○をつけてください。

ケイくんはカレーを作るお手伝いをしていました。ケイくんはニンジンを切りました。お父さんは辛いものが好きなので、辛いカレーも作りました。カレーが出来上がったのでみんなで食べました。ケイくんは間違えてお父さんの辛いカレーを食べてしまいました。お父さんとお母さんは心配そうにケイくんを見ていました。

④ケイくんが切った野菜はどれでしょうか。選んで○をつけてください。
⑤辛いカレーが好きなのは誰でしょうか。選んで○をつけてください。
⑥辛いカレーを食べてしまったケイくんを見て、お父さんとお母さんはどんな気持ちだったでしょうか。選んで○をつけてください。

〈時 間〉　各15秒

［2021年度出題］

問題22　分野：巧緻性（運筆）

〈準 備〉　鉛筆、消しゴム

〈問 題〉　左上から右下まで、２本線の間をはみ出さないように線を引いてください。

〈時 間〉　１分

［2021年度出題］

問題23　分野：巧緻性（制作・折り紙）

〈準　備〉　折り紙（透明、柄付き、キャラクター付きなどいろいろな種類）

〈問　題〉　**この問題の絵はありません。**
好きな折り紙を選んで、好きなものを折ってください。１つできたら次の折り紙を折りましょう。終わりと言うまで続けてください。

〈時　間〉　５分程度

[2021年度出題]

問題24　分野：口頭試問

〈準　備〉　カード（積み木やおにごっこなどの遊び、歯磨きや片付けなどの日常生活が描かれている）

〈問　題〉　**この問題の絵はありません。**
・あなたの名前と好きな食べものを教えてください。
・好きな本は何ですか。
・（○○です）どんなお話ですか。
・（××のお話です）もっと教えてください。

（絵を見ながら）
・ケイトくんが遊んでいてお友だちにぶつかってしまいました。何と言いますか。
（遊びのカードを見ながら）
・ケイトくんはどんな遊びが好きだと思いますか。
・ケイトくんがお友だちと遊ぶ時、お友だちがさっき選んだ遊びが嫌だと言ったらどうしますか。
（日常生活のカードを見ながら）
・ケイトくんが苦手だと思うことは何ですか。
・なぜそう思いましたか。

〈時　間〉　５分程度

[2021年度出題]

家庭学習のコツ②　**「家庭学習ガイド」はママの味方！**

問題演習を始める前に、試験の概要をまとめた「家庭学習ガイド（本書カラーページに掲載）」を読みましょう。「家庭学習ガイド」には、応募者数や試験科目の詳細のほか、学習を進める上で重要な情報が掲載されています。それらの情報で入試の傾向をつかみ、学習の方針を立ててから、対策学習を始めてください。

問題25　分野：面接（保護者面接・幼児面接）

〈準備〉　なし

〈問題〉　**この問題の絵はありません。**

【両親へ】
・自分とお子さんの似ているところと違っているところをそれぞれ教えてください。
・家庭における教育や躾で気を付けていることをそれぞれ教えてください。
・共働きですがお子さまとの時間やお休みはありますか。
・お子さんに優しさをどのように教えていますか。

【父親へ】
・最近家族でしたことでお子さんが喜んだことは何ですか。
・お子さんとの関わりの中で何か感動したことはありますか。
・なぜわざわざ遠方から本校を受験することにしたのですか。

【母親へ】
・ご主人とお子さんのことについて毎日話をしますか。
・幼稚園でお母さん同士のトラブルはありますか。もしなったとしたらどうしますか。
・最近お子さんが興味を持っていることは何ですか。
・お子さんのお友だちの名前を３人教えてください。

【志願者へ】
・お名前を教えてください。
・お父さんとお母さんの名前を教えてください。
・今日の洋服は誰に着せてもらいましたか。
・幼稚園では何をして遊んでいますか。
・お父さんとお母さんに褒められたことはどんなことですか。
・お父さんとお母さんの好きなところを教えてください。
・お父さんとお母さんはお家で何をしていますか。
・最近家族で行ったところで楽しかったところはどこですか。

〈時間〉　10分程度

［2021年度出題］

①

②③2023 年度 愛知私立 過去 無断複製／転載を禁ずる 日本学習図書株式会社

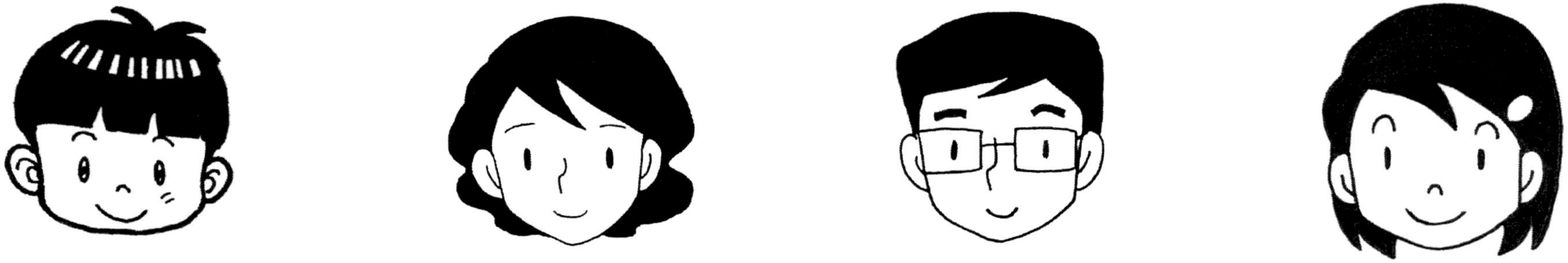

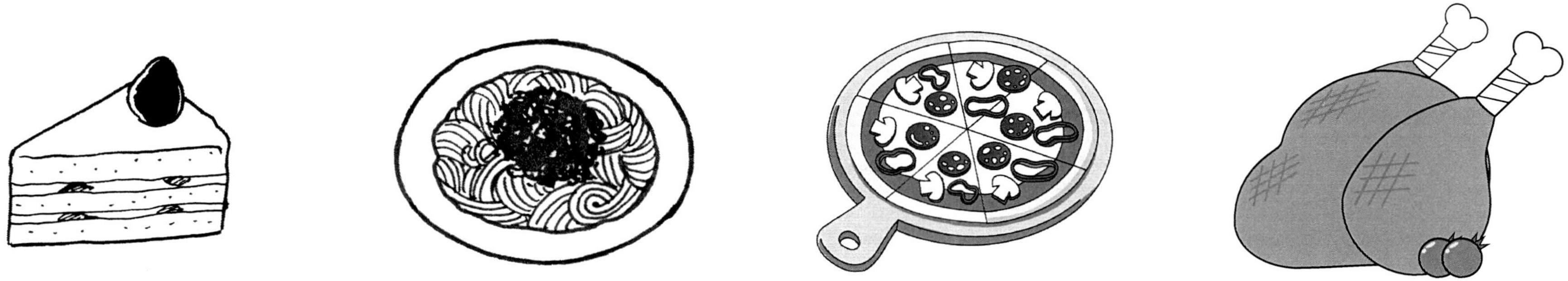

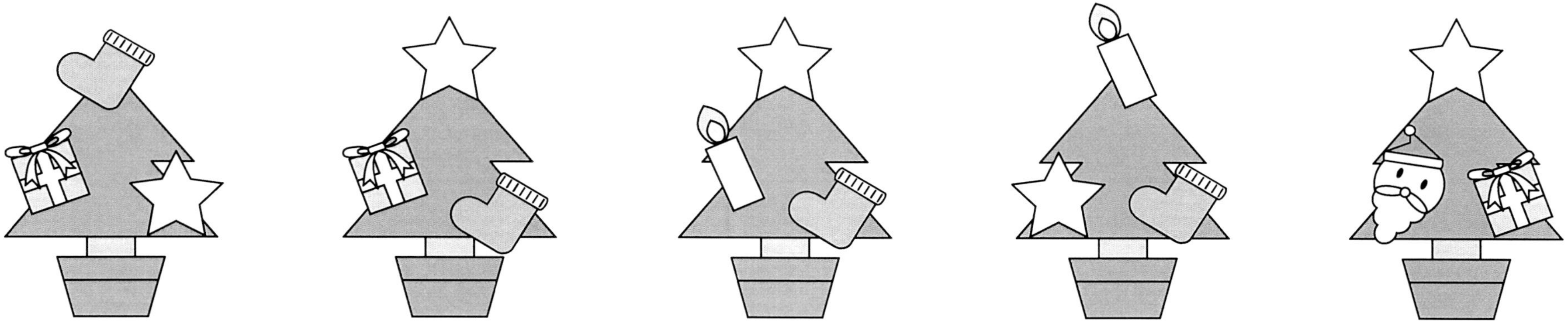

問題 2

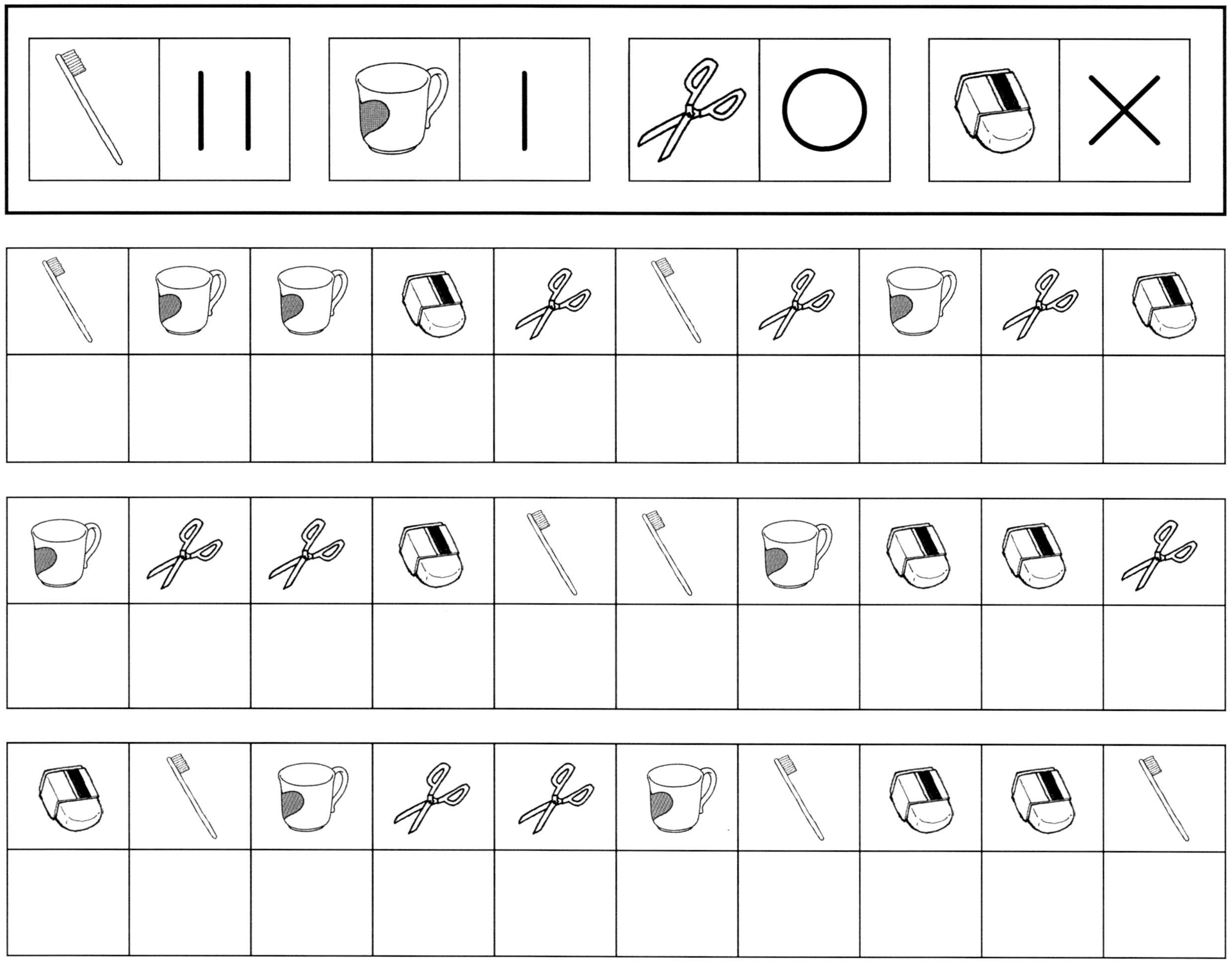

問題 3

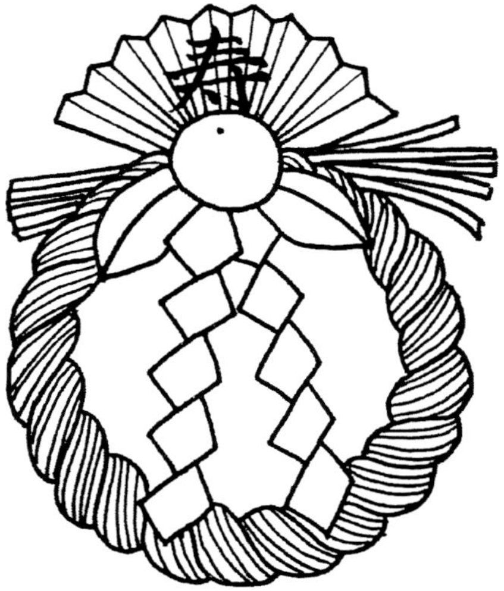

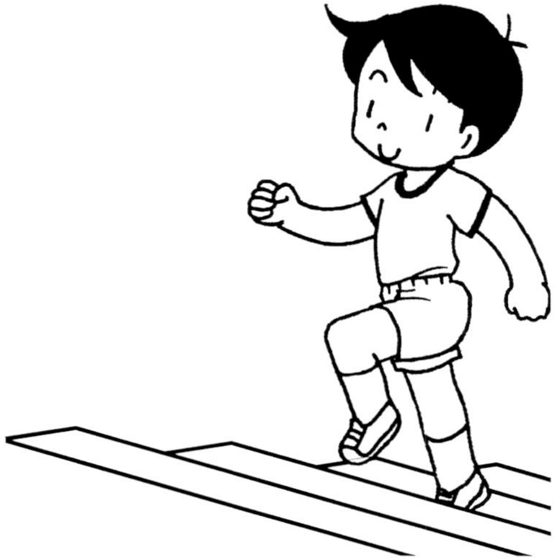

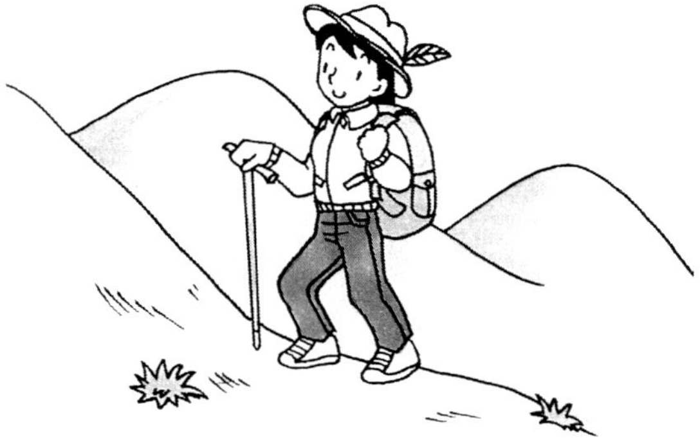

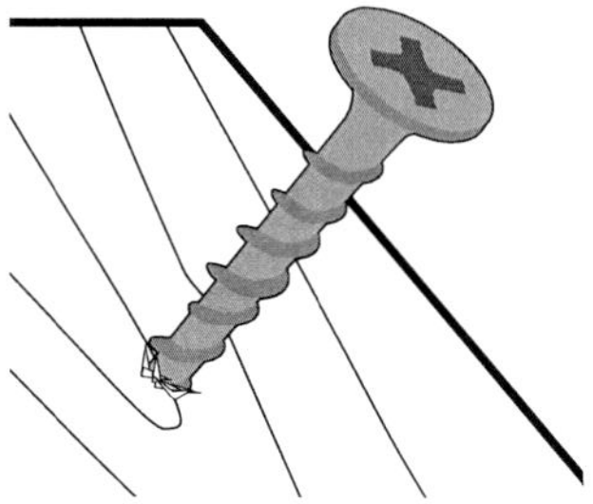

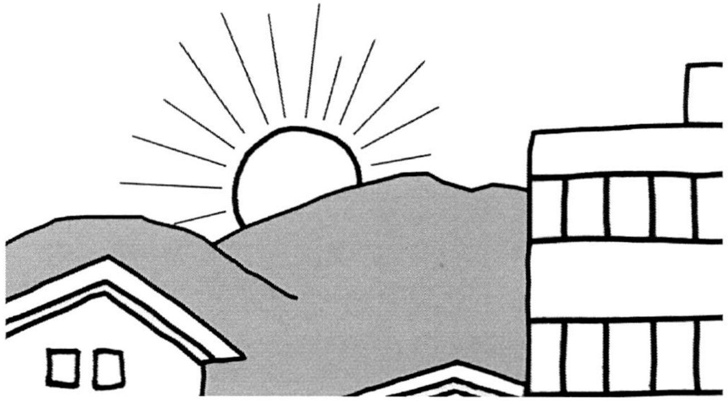

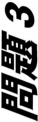

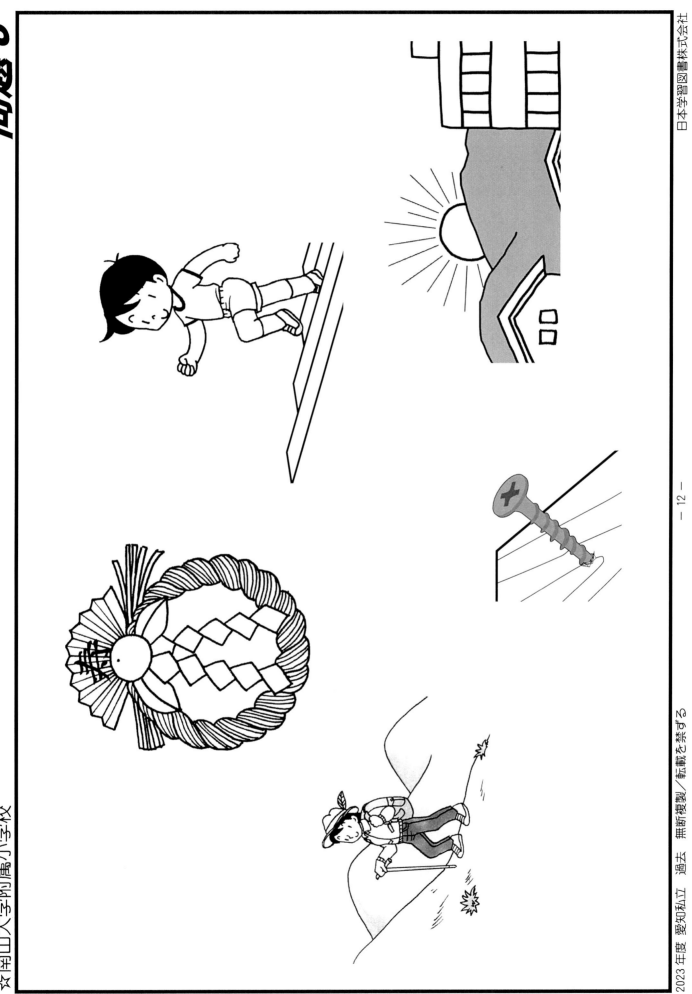

問題4

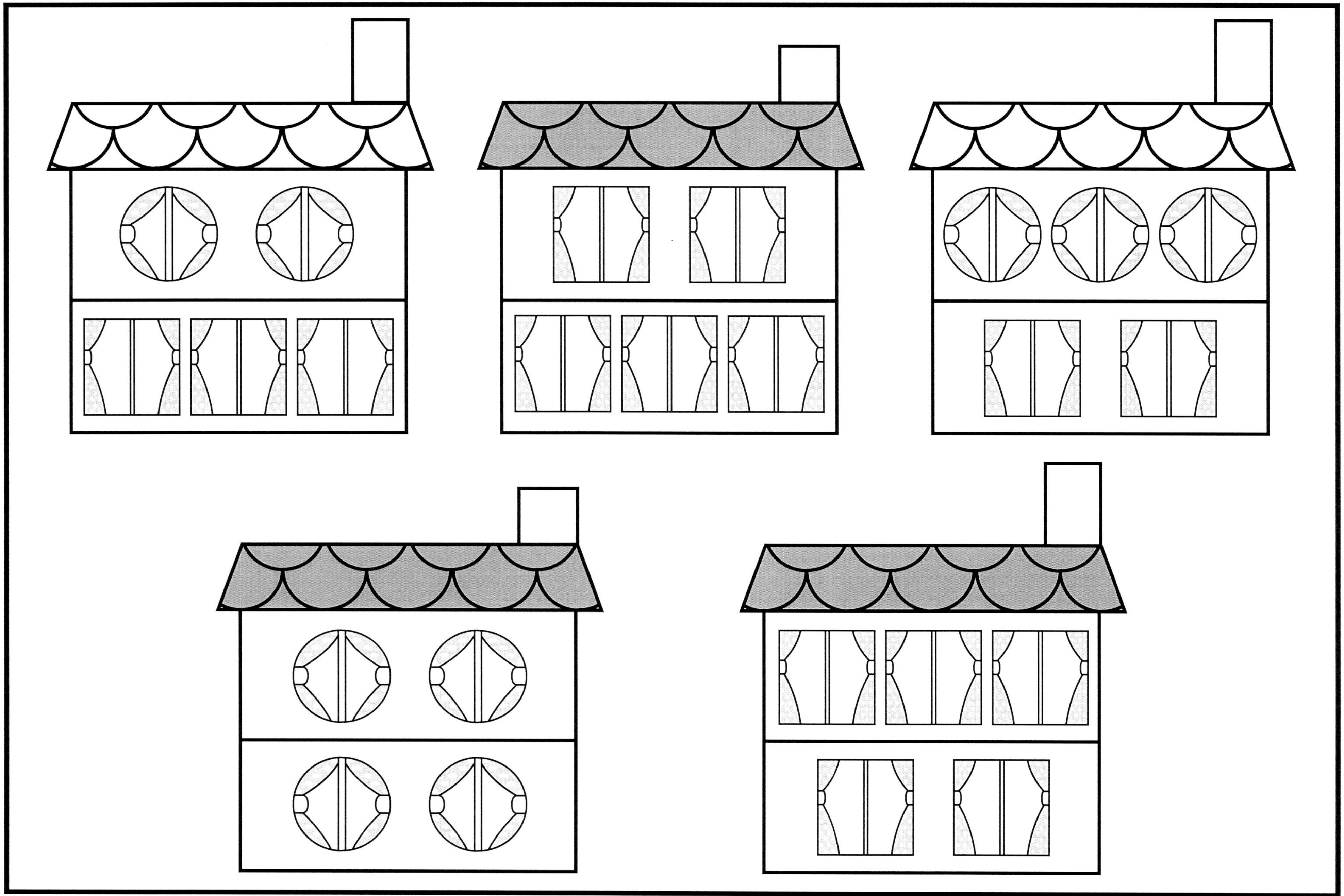

問題 5

問題 6

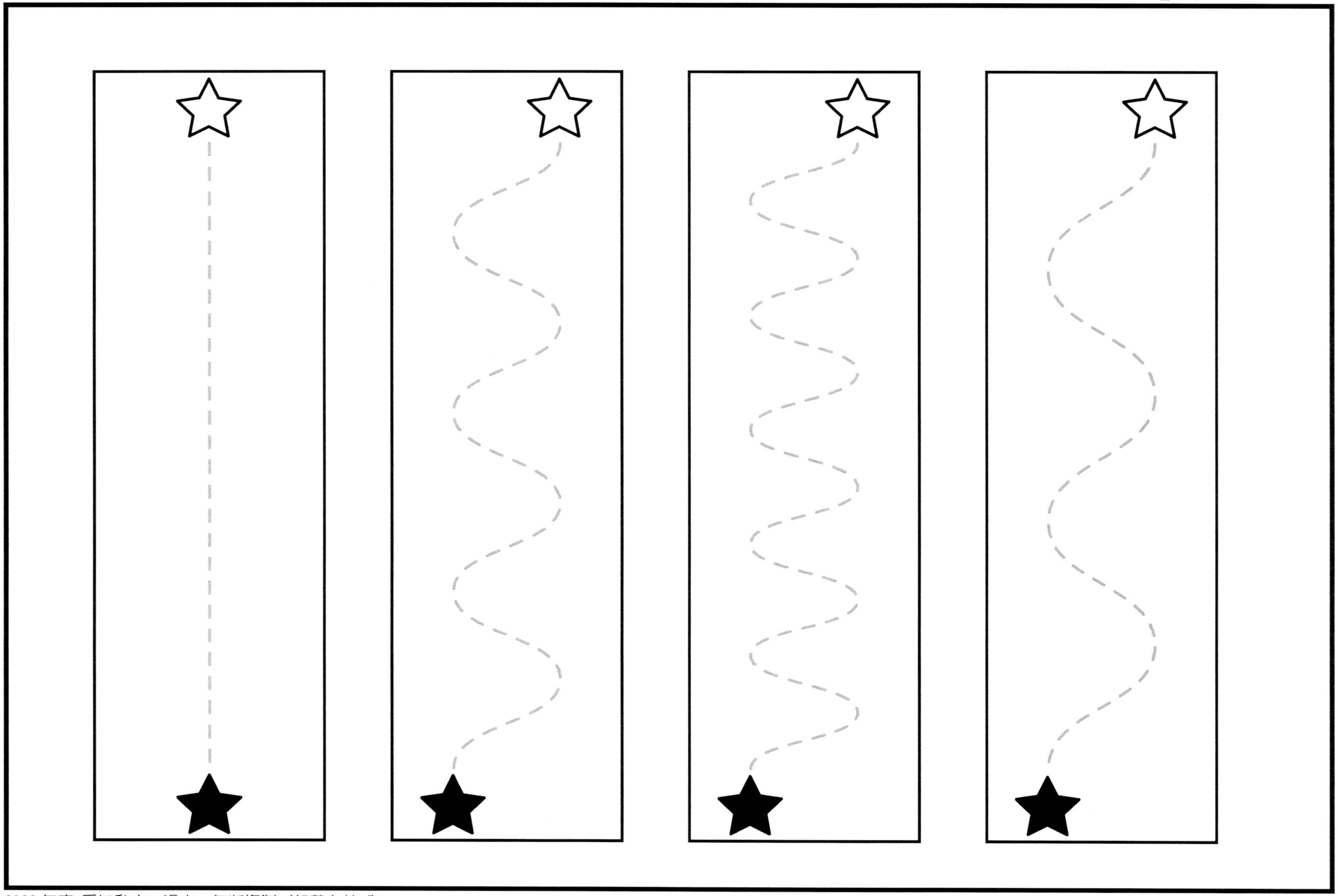

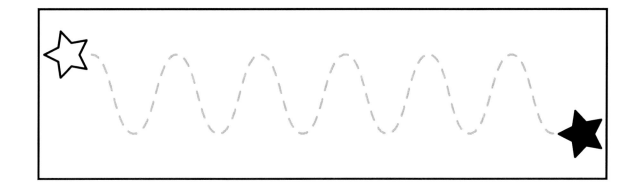

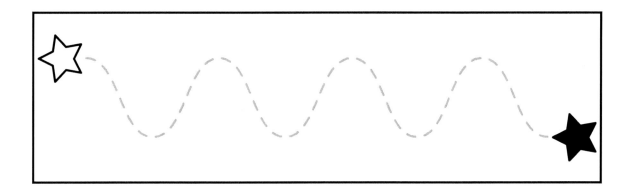

☆南山大学附属小学校

2023 年度 愛知私立 過去 無断複製／転載を禁ずる　日本学習図書株式会社

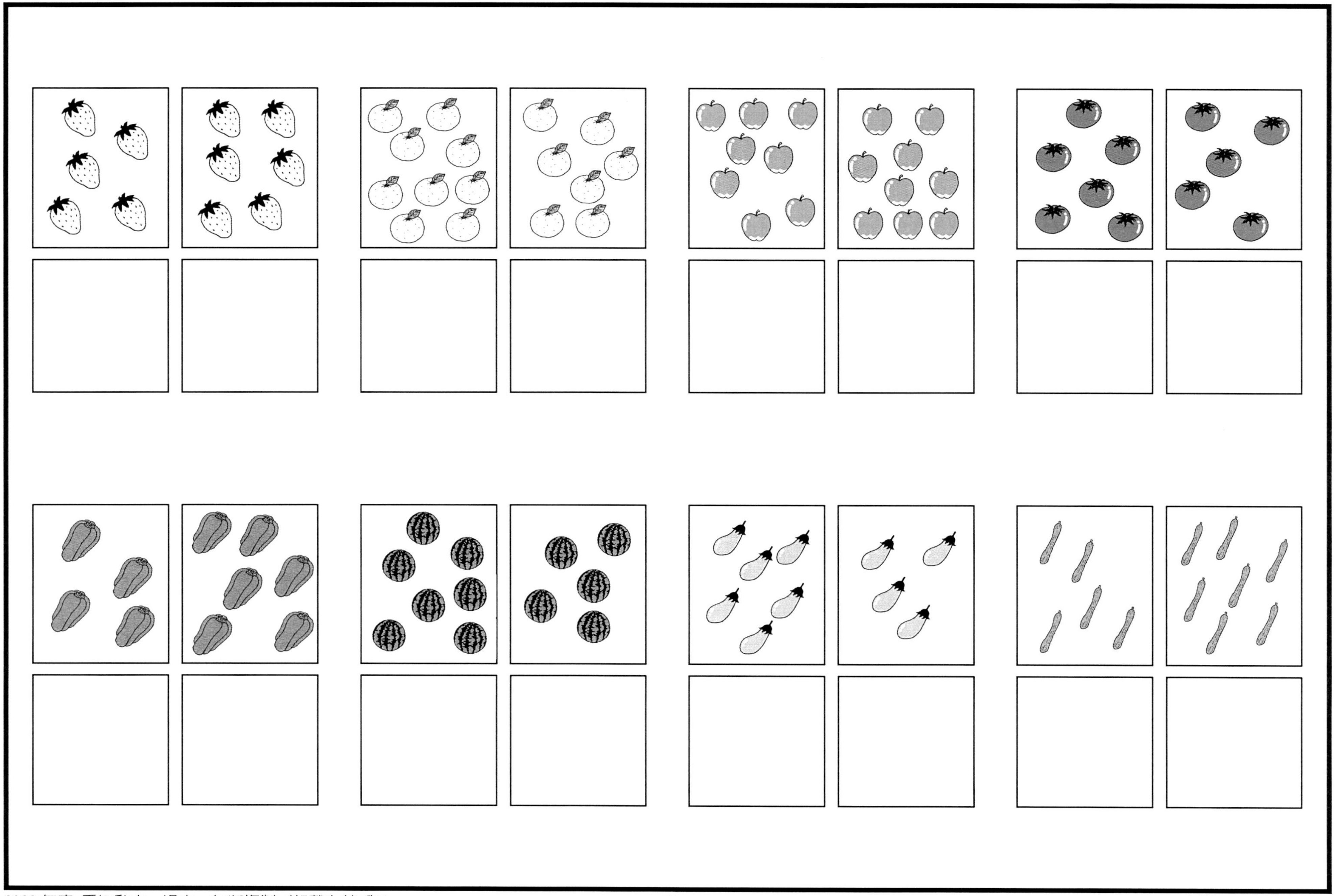

☆南山大学附属小学校

問題 7 − 2

問題7－3

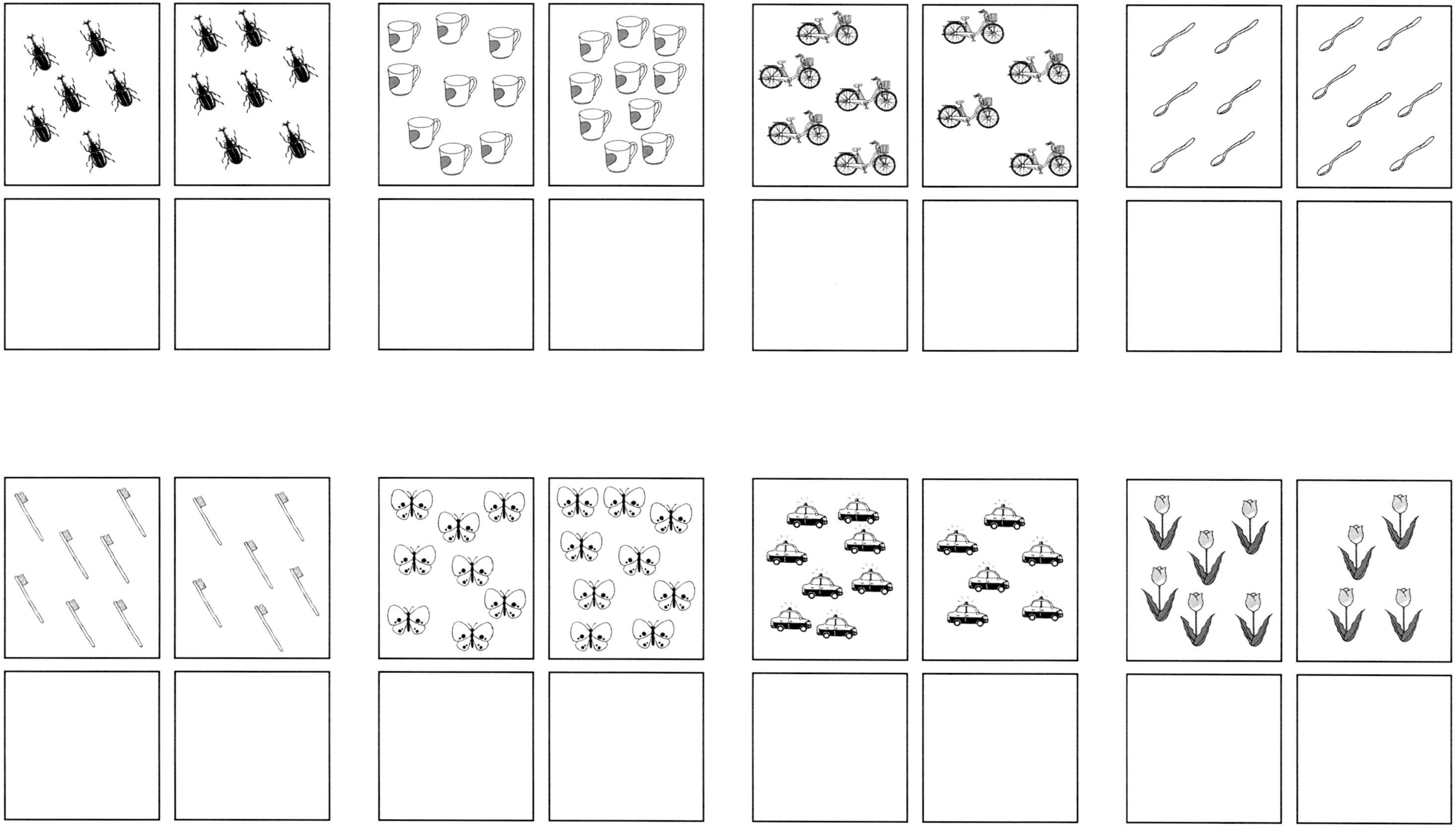

日本学習図書株式会社

問題７－４

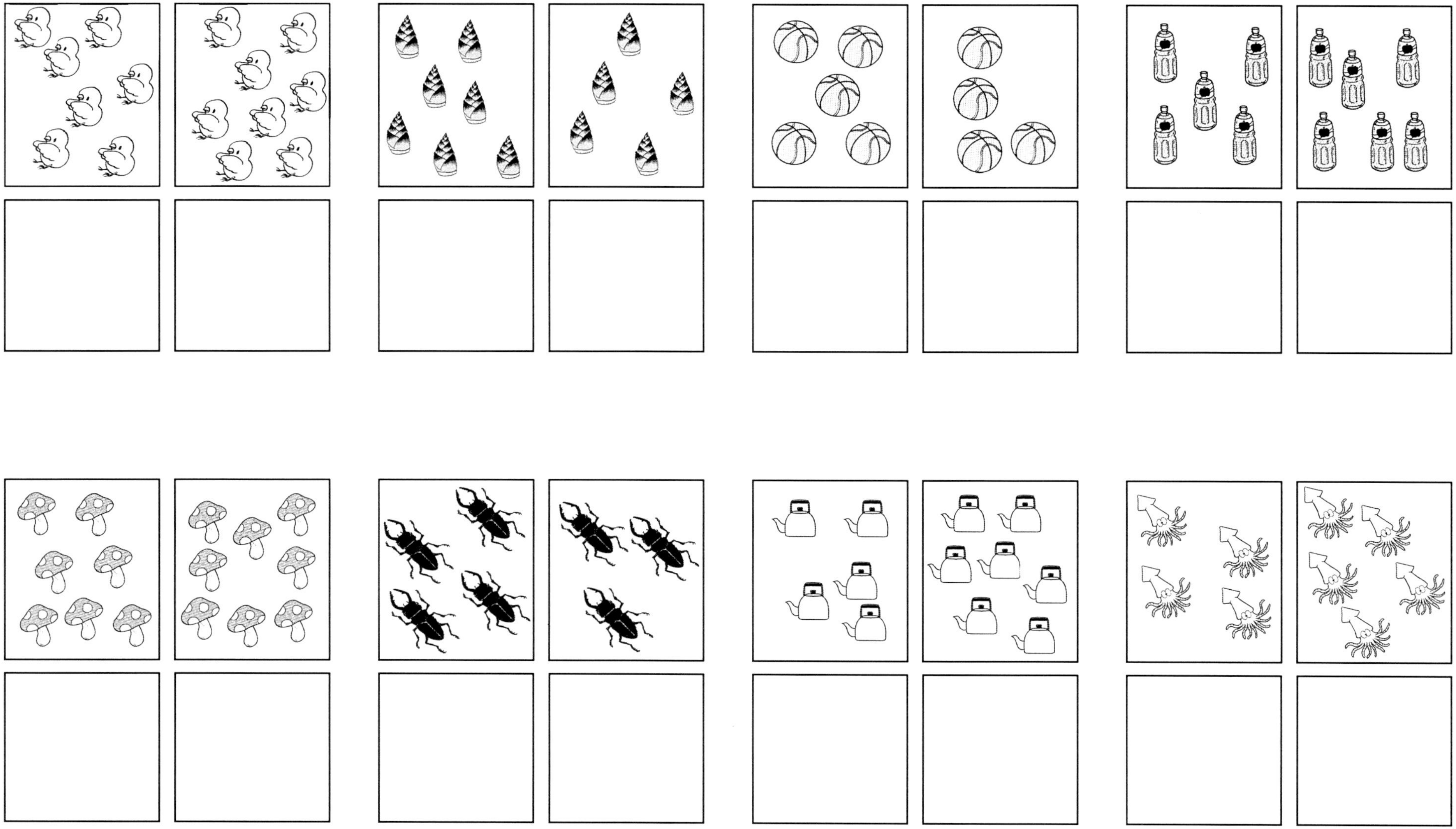

日本学習図書株式会社

問題 8

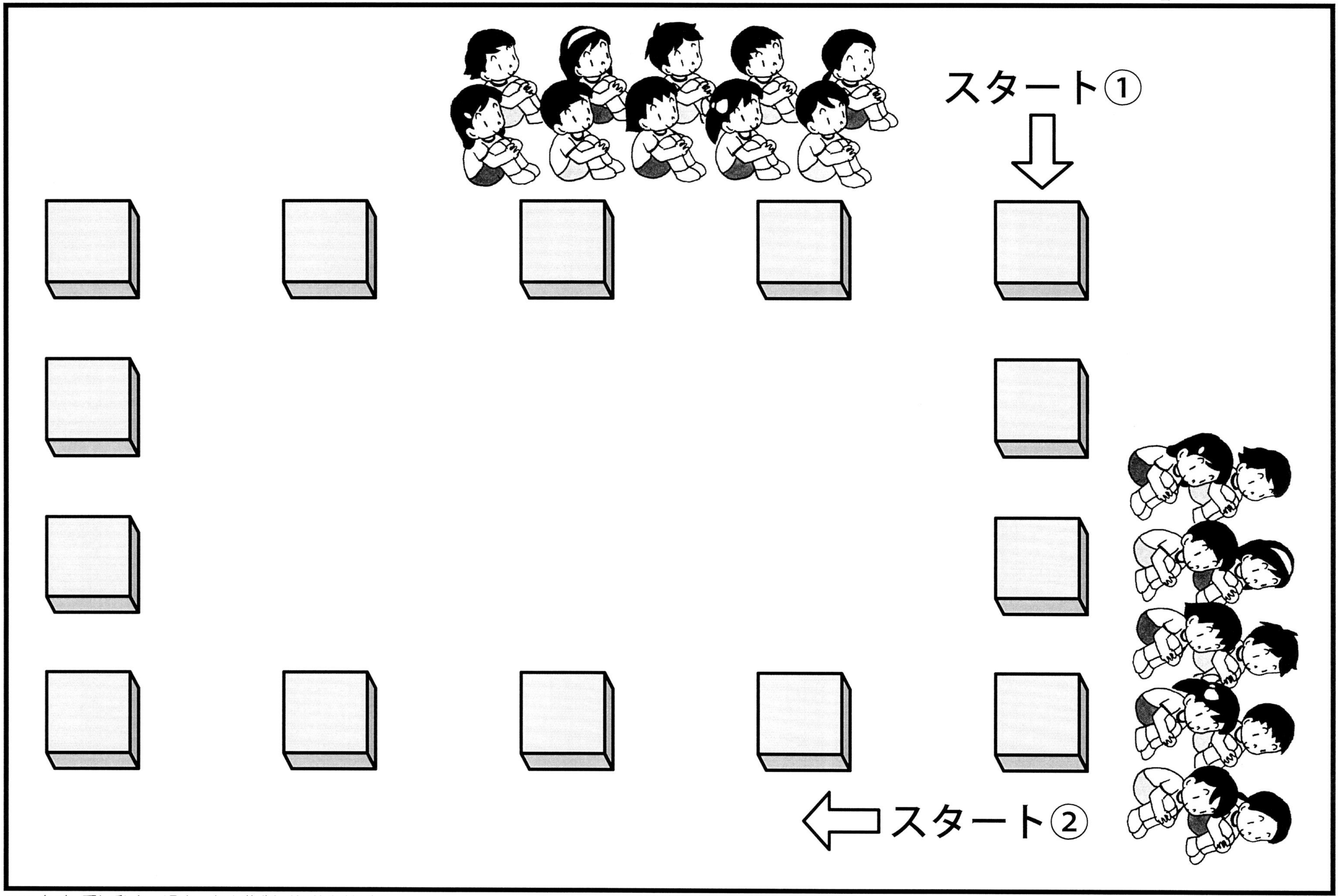

日本学習図書株式会社

問題9

☆南山大学附属小学校

2023年度 愛知私立 過去 無断複製／転載を禁ずる 日本学習図書株式会社

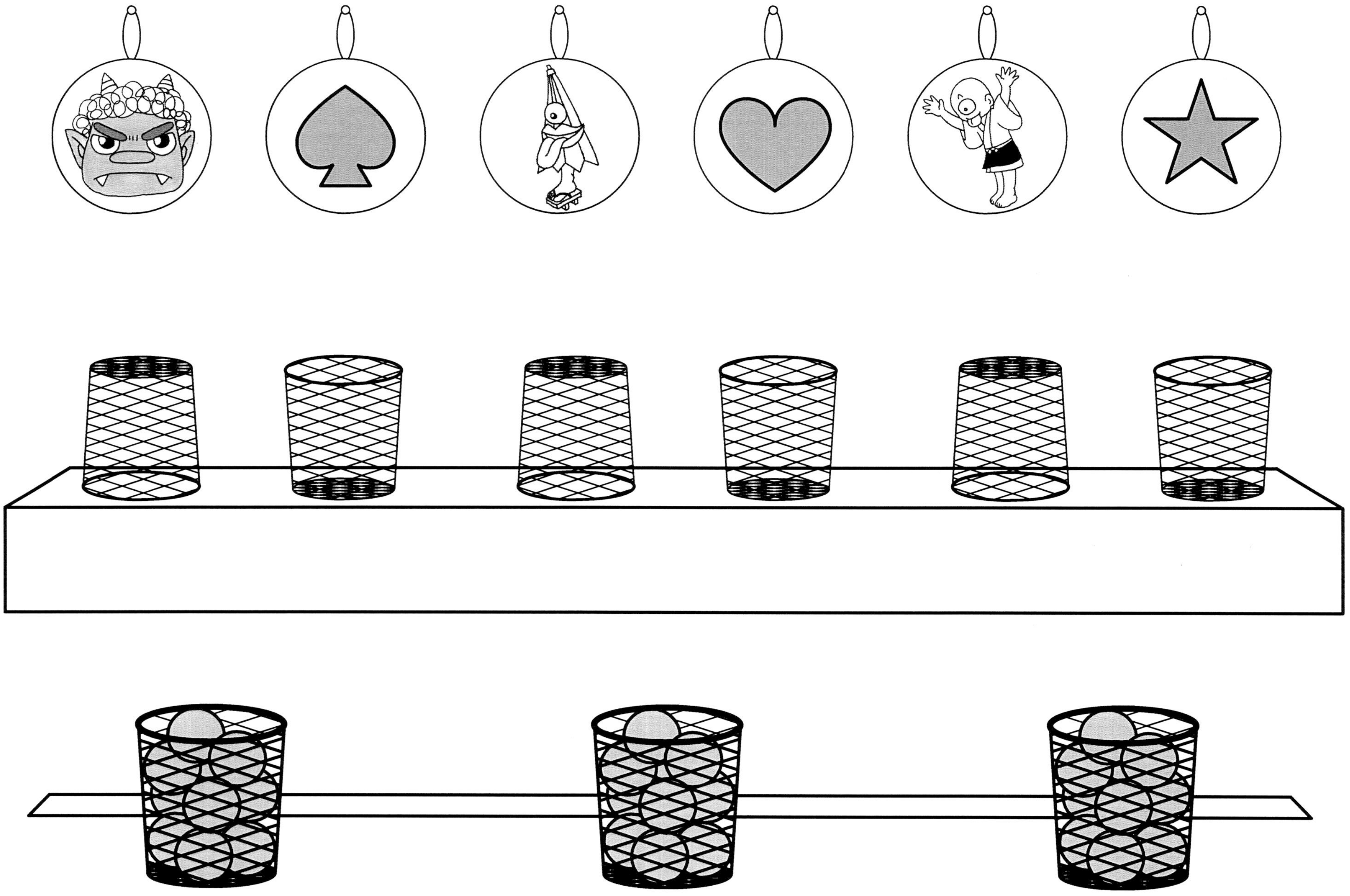

2023 年度　愛知私立　過去　無断複製／転載を禁ずる　　　　　　日本学習図書株式会社

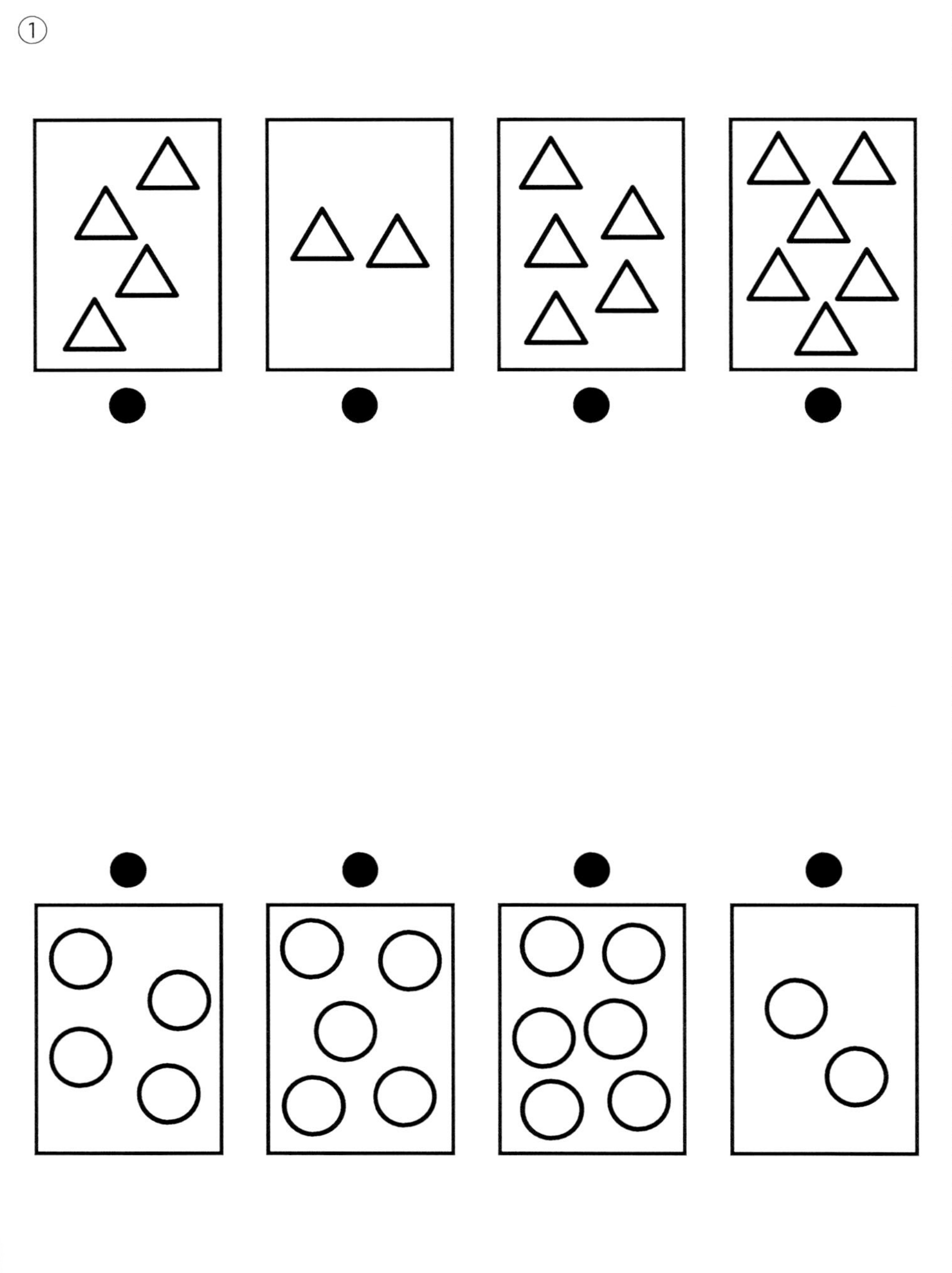

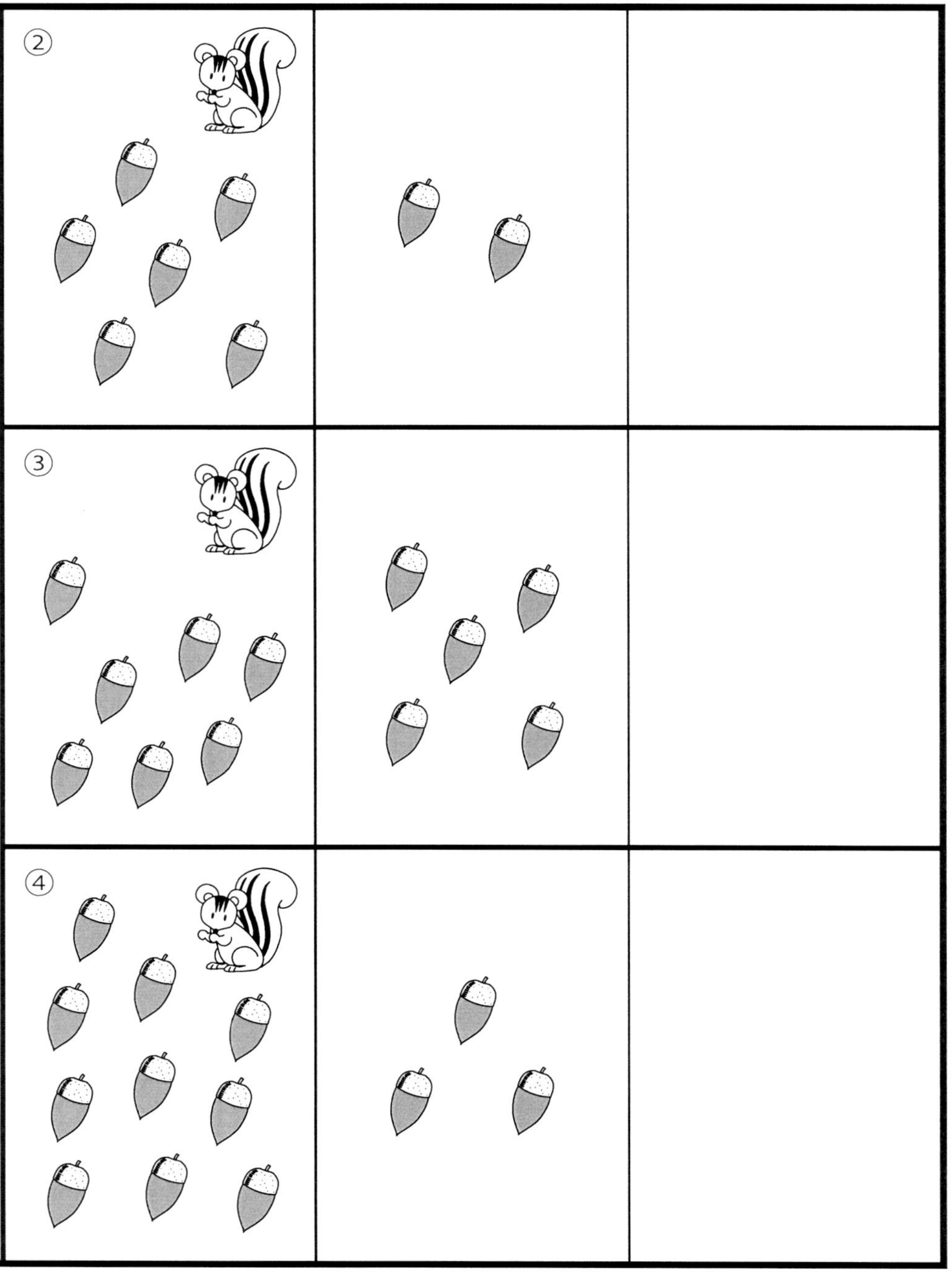

①

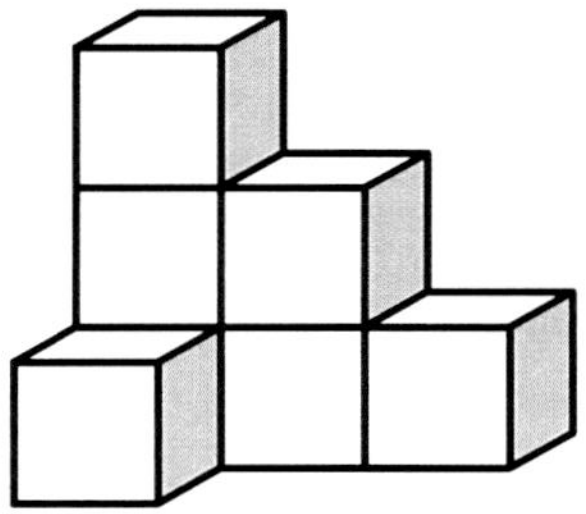

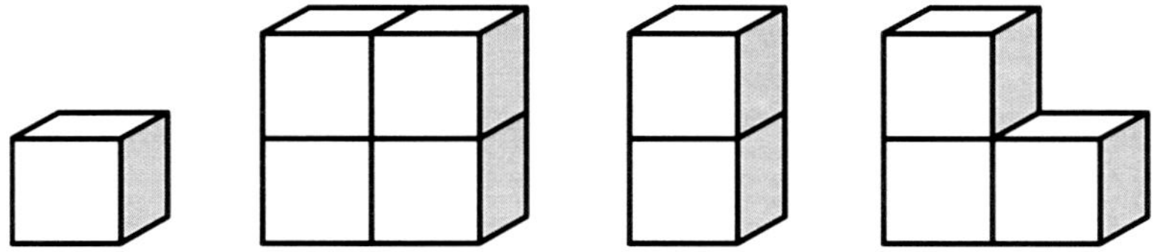

②

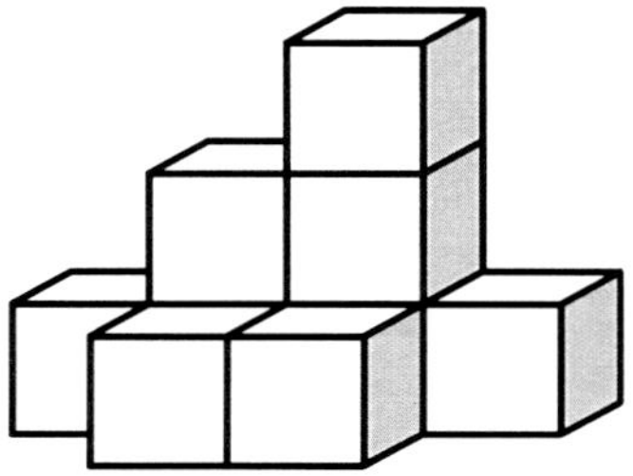

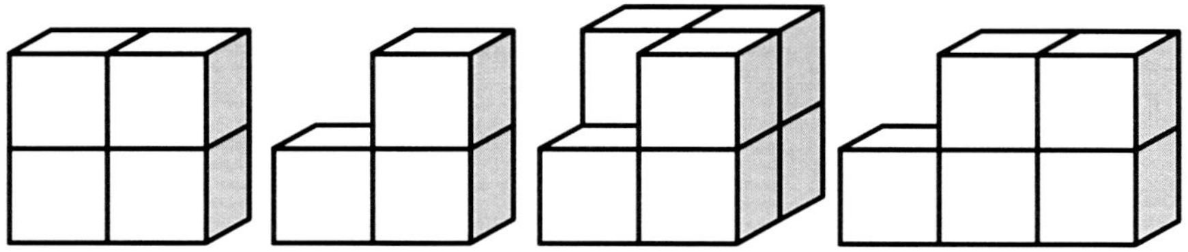

③

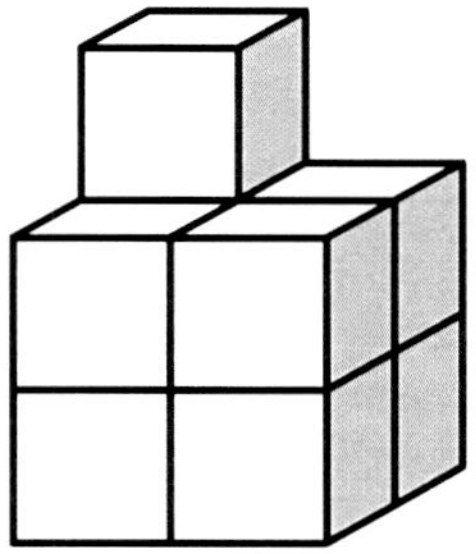

④

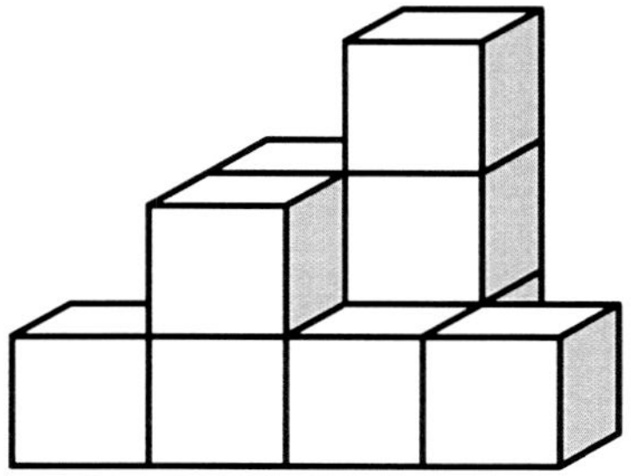

☆南山大学附属小学校

問題１４

①

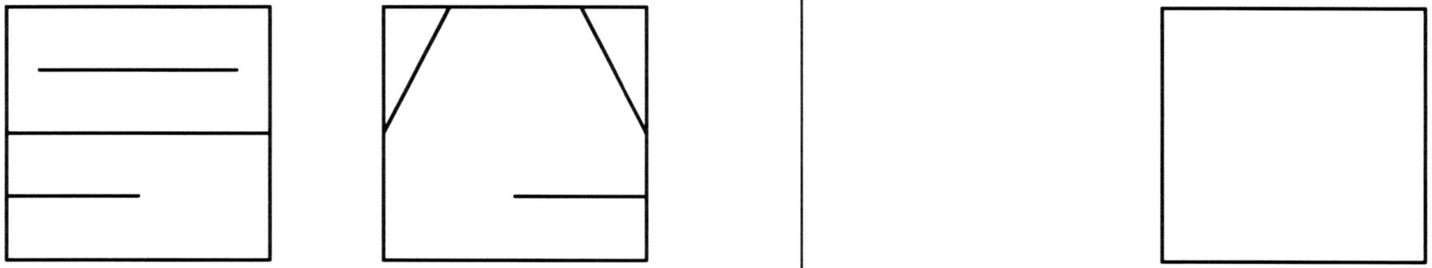

②

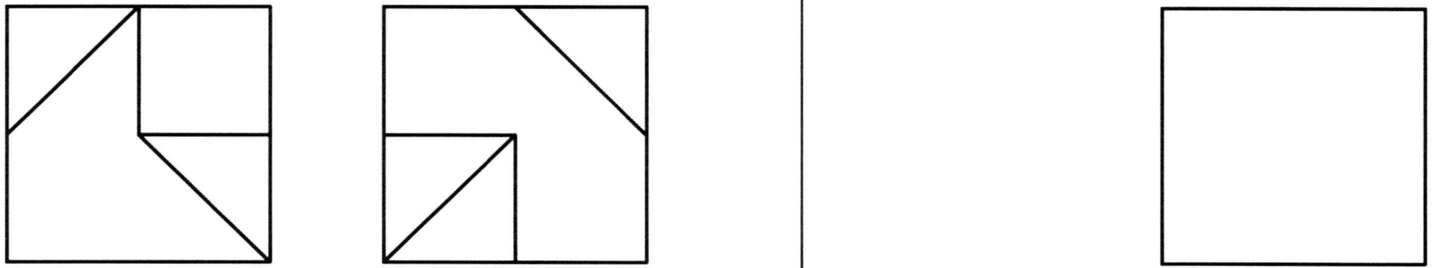

③

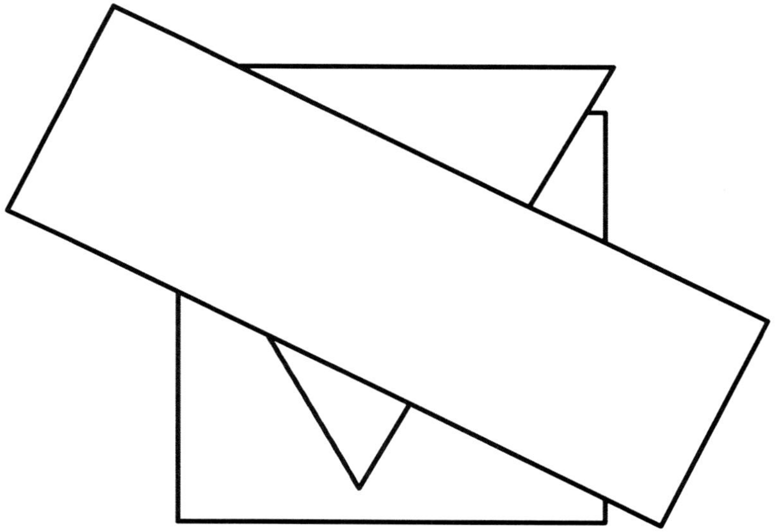

問題15

①

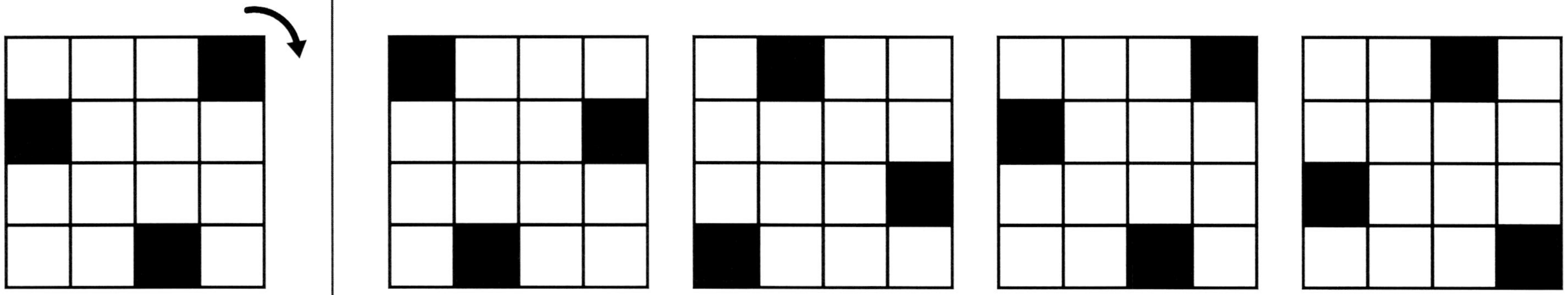

②

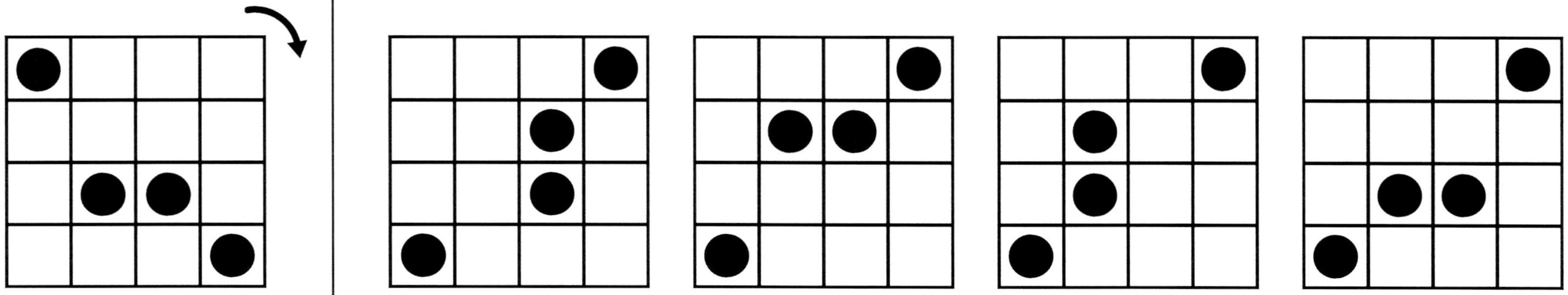

③

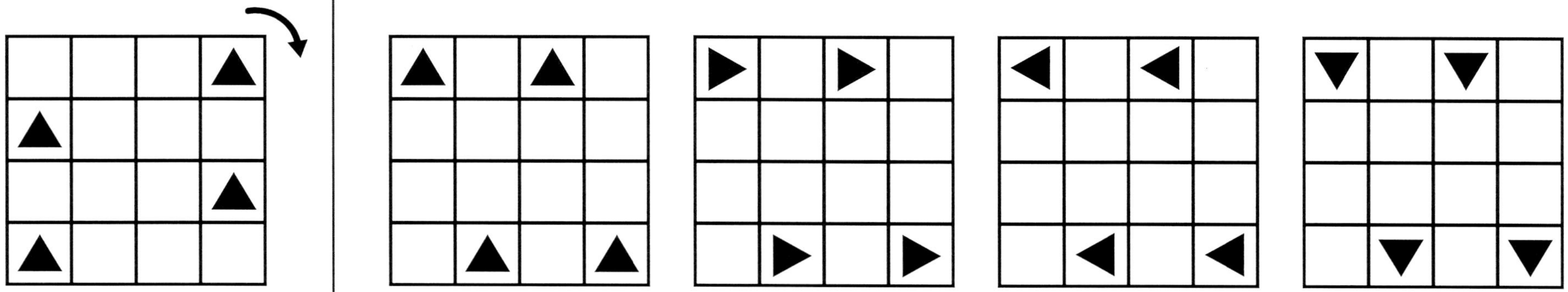

☆南山大学附属小学校

2023年度　愛知私立　過去　無断複製／転載を禁ずる　　日本学習図書株式会社

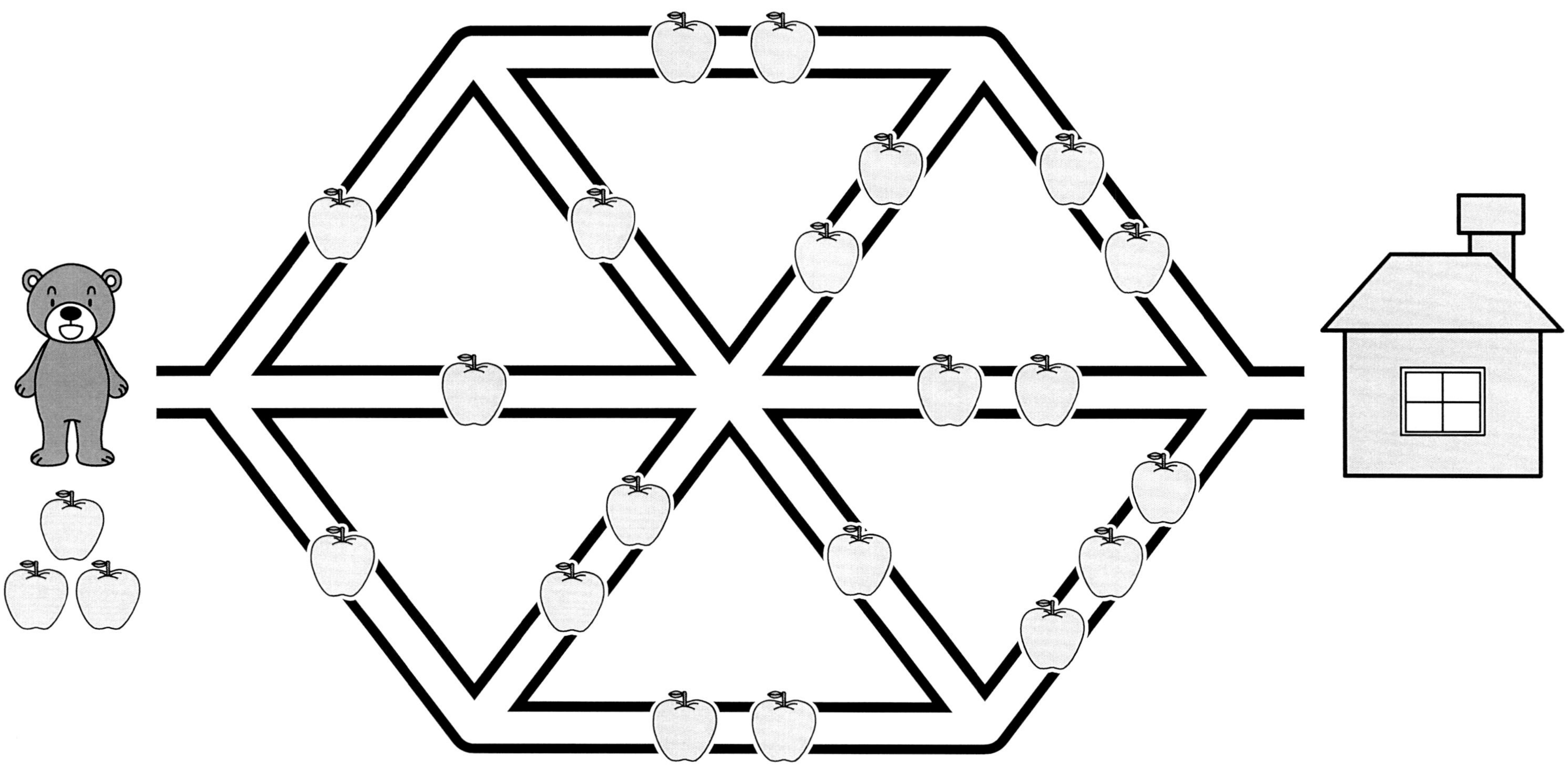

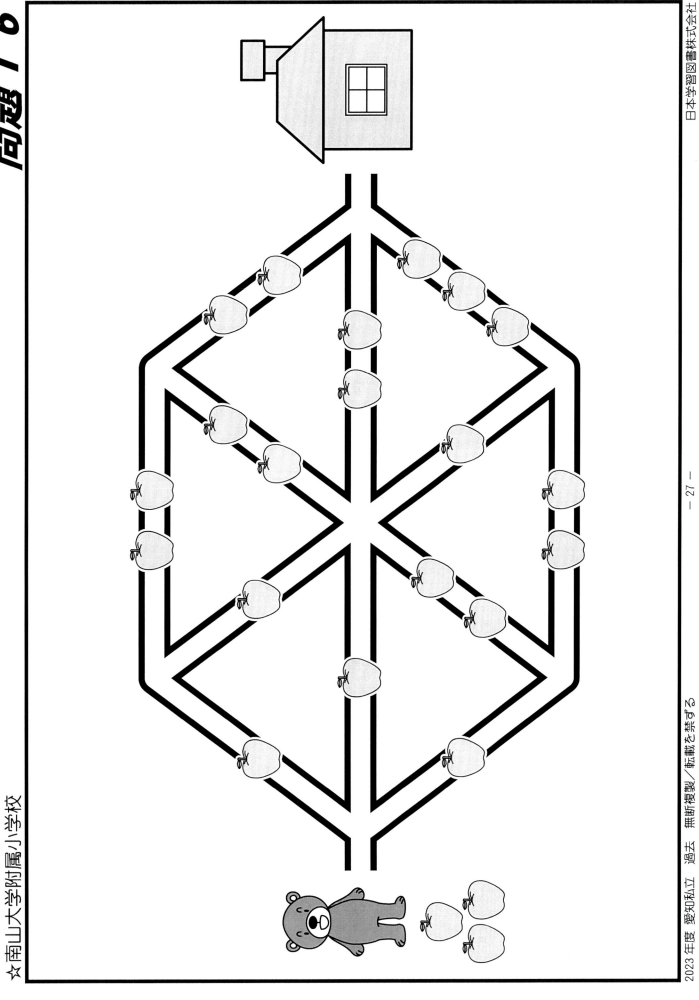

問題１７

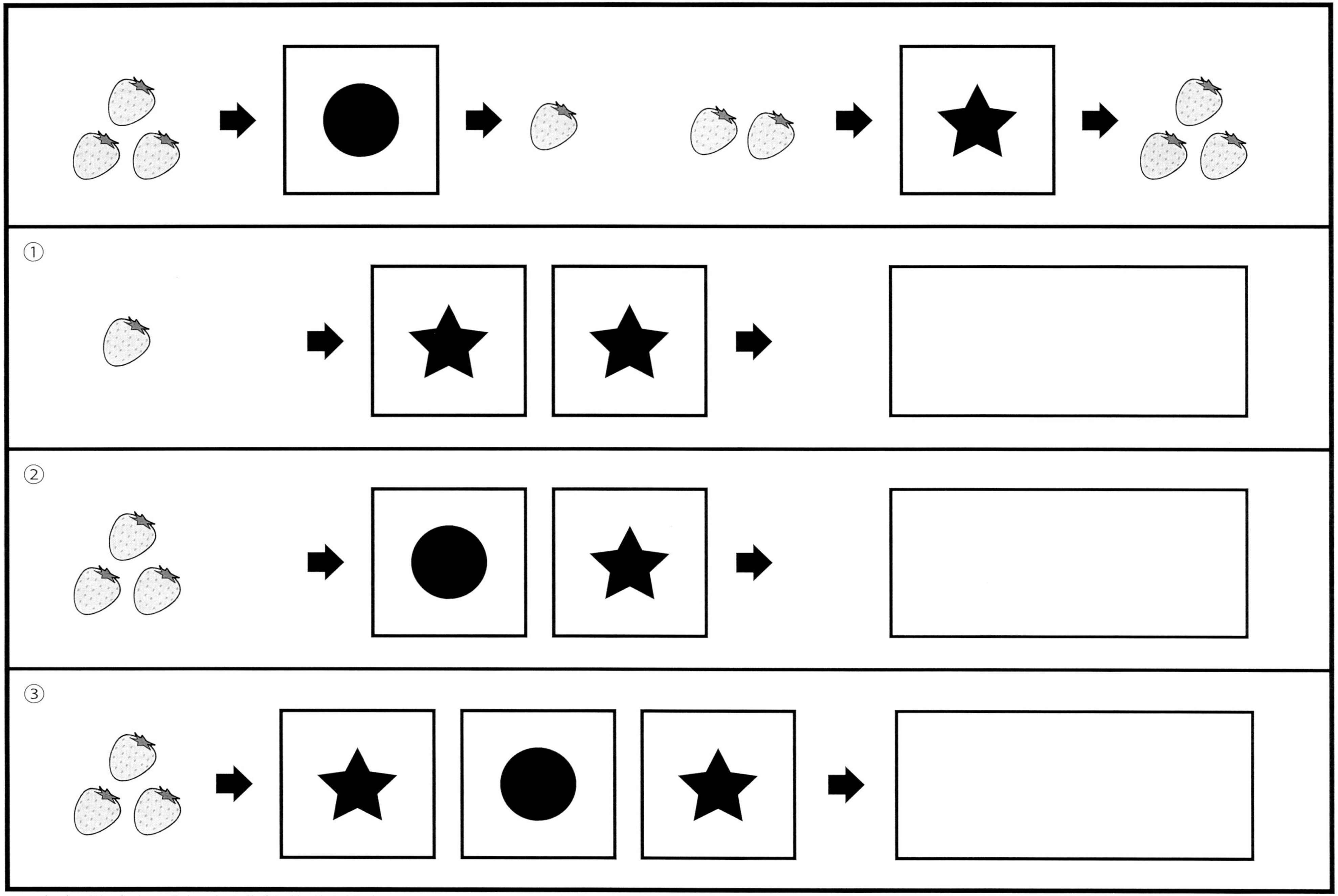

①

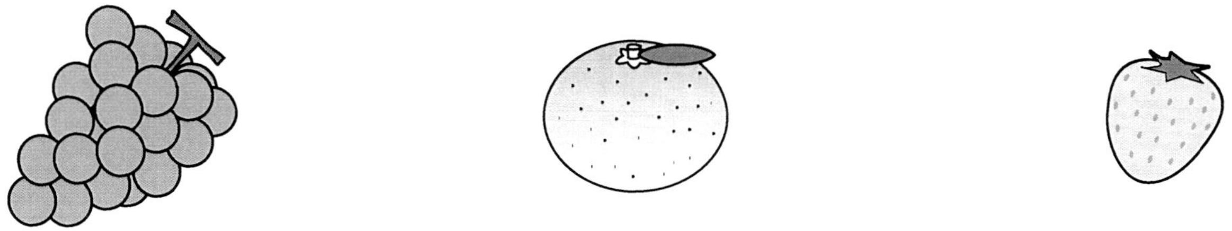

②

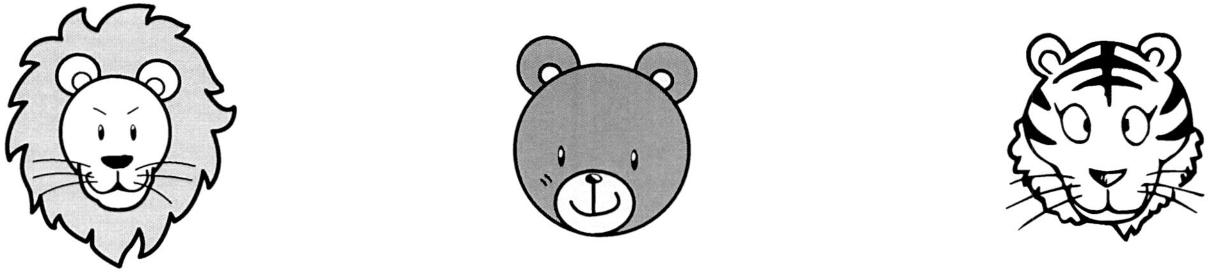

③

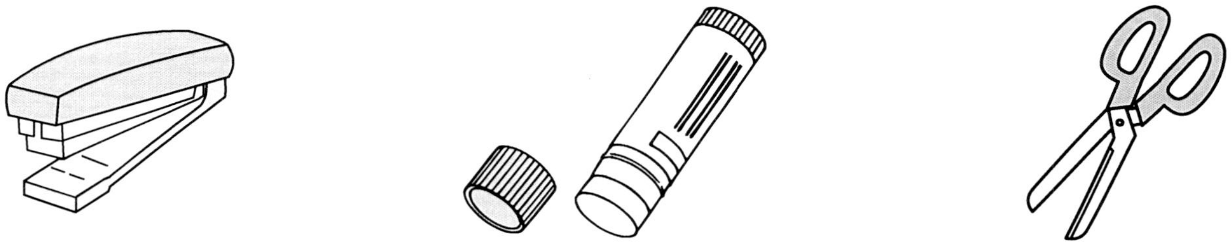

④

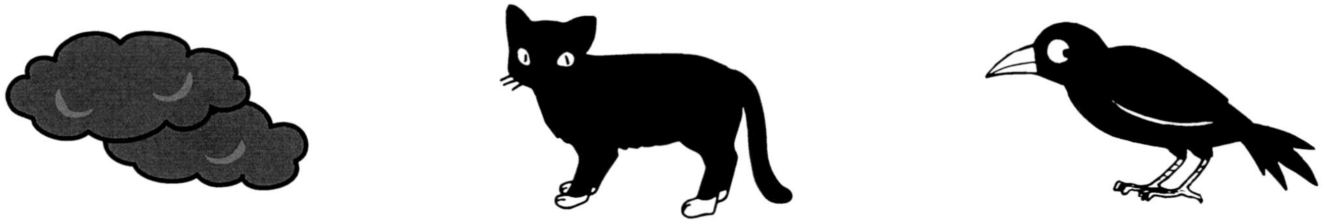

問題 1 9

☆南山大学附属小学校

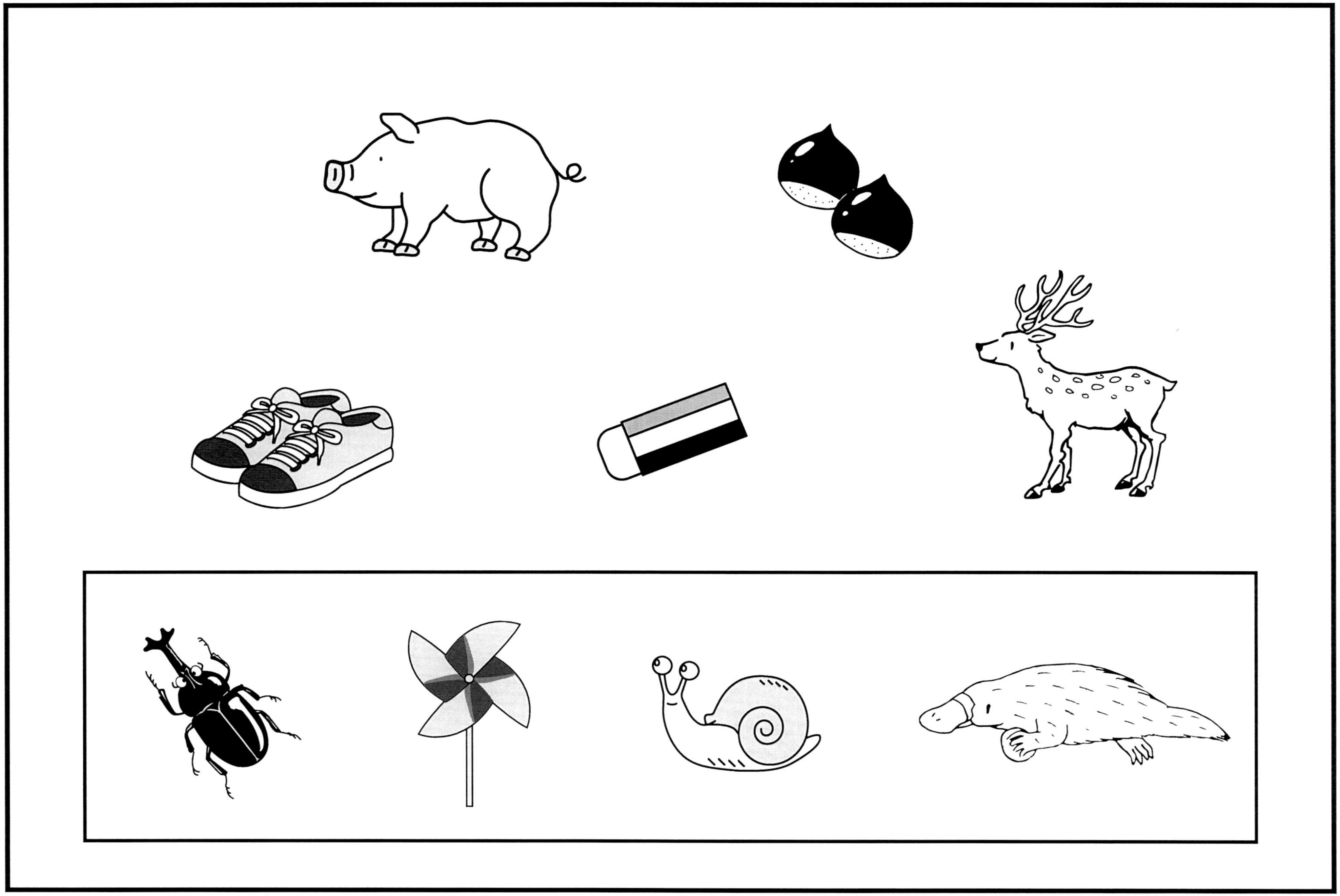

問題２０

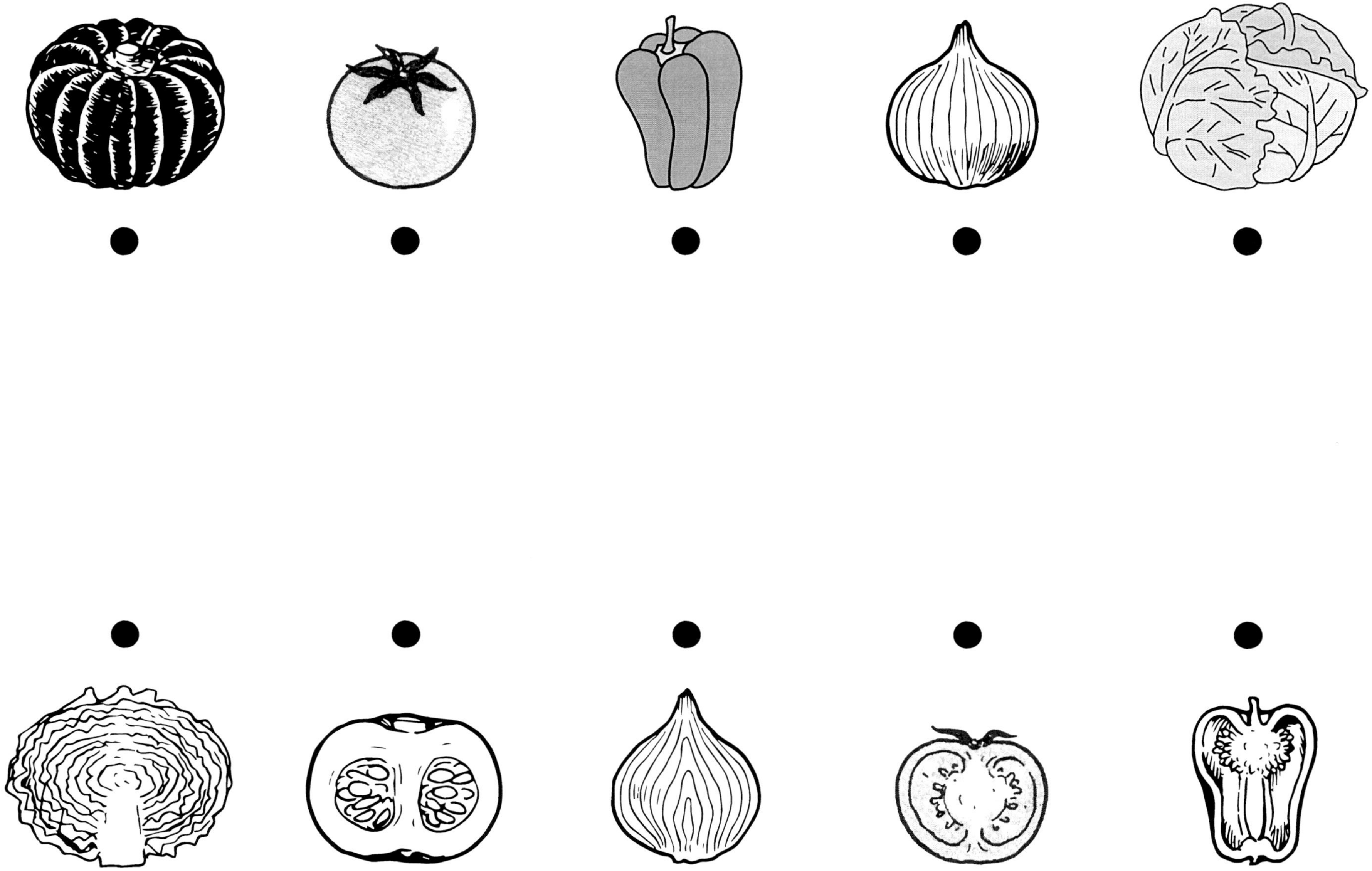

☆南山大学附属小学校

問題２１

①

②

③

④

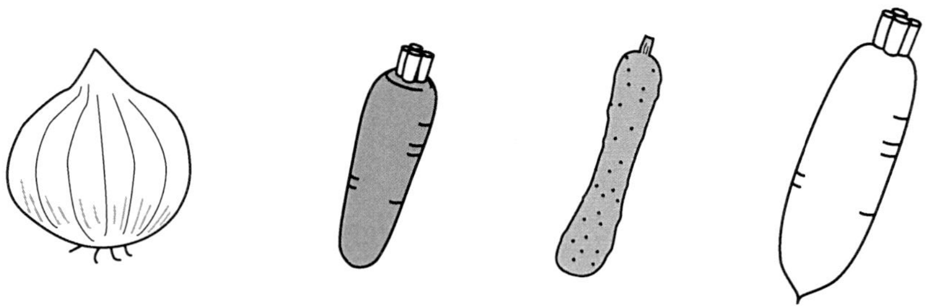

⑤

⑥

問題２２

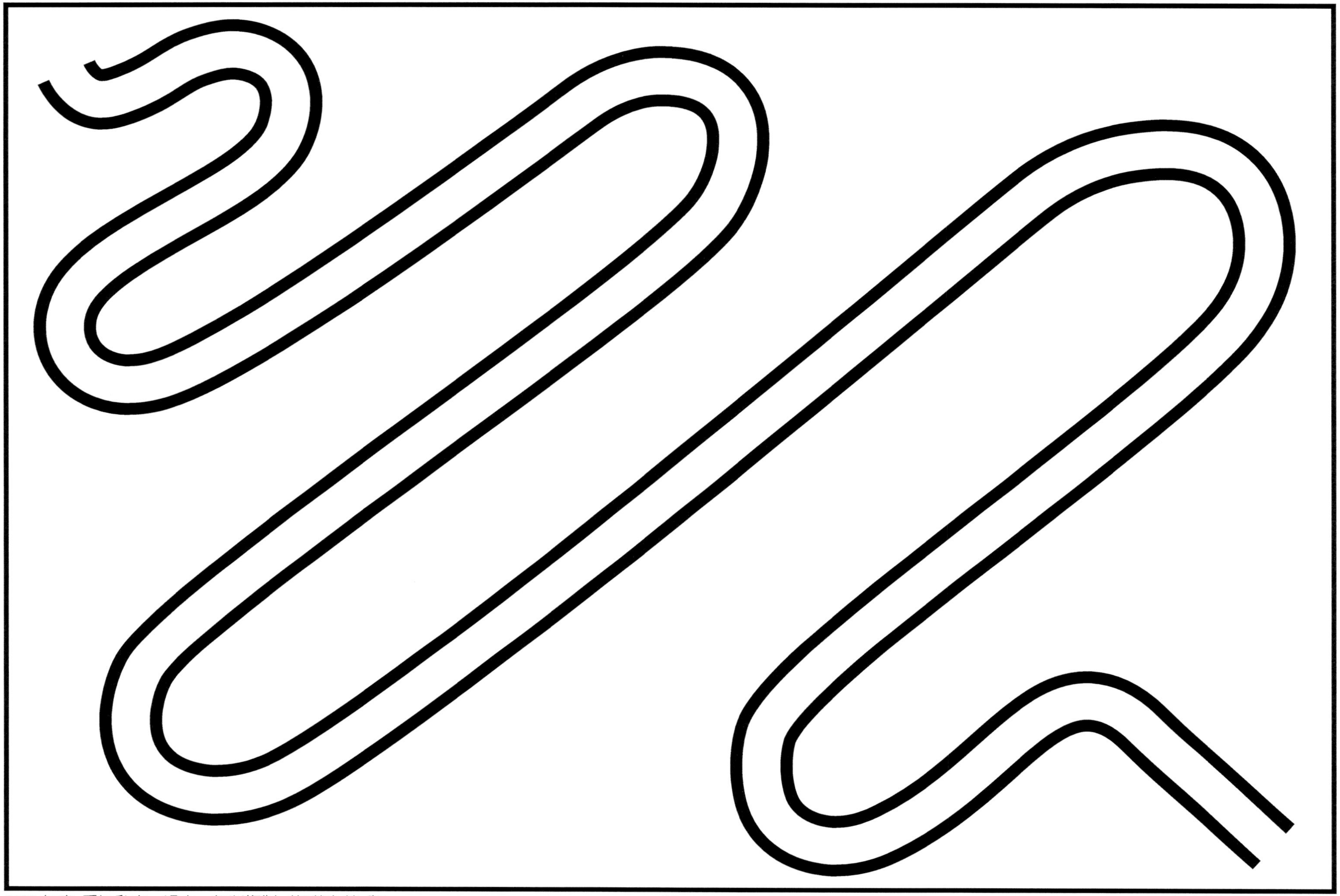

2022年度入試
解答例・学習アドバイス

解答例では、制作・巧緻性・行動観察・運動といった分野の問題の答えは省略されています。こうした問題では、各問のアドバイスを参照し、保護者の方がお子さまの答えを判断してください。

問題1　分野：記憶（お話の記憶）

〈解 答〉　①左端　②右端　③中央

お話の記憶としては基本的なレベルの問題です。お話の終盤に登場する「七面鳥」は、お子さまにとって聞き慣れない言葉かもしれません。このような場合、消去法を用いて対応すると答えが見つかると思います。本問題は、登場人物の人数や、クリスマスツリーの飾り付けの種類など、お話に含まれる要素が少なく、比較的解きやすい問題になっています。聞き慣れない言葉に動揺せず、落ち着いて対処できるよう心がけましょう。基本となる読み聞かせを、毎日、行うことをおすすめ致します。

【おすすめ問題集】
　1話5分の読み聞かせ集①②
　Ｊｒ・ウォッチャー19「お話の記憶」、20「見る記憶・聴く記憶」

問題2　分野：推理（置き換え）

〈解 答〉　下図参照

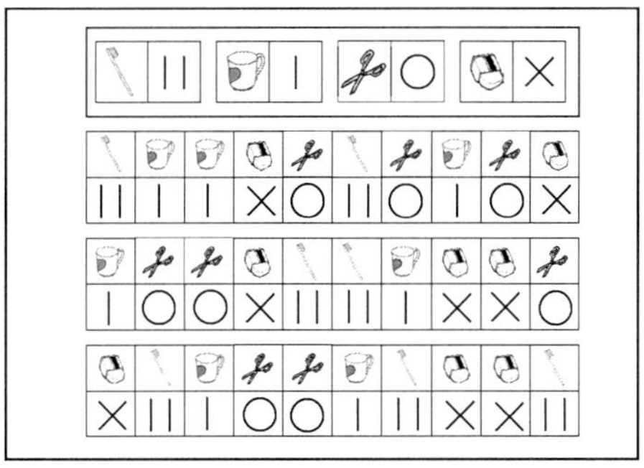

指示通りに記号を書く問題です。本問題では、問題を解くスピードだけでなく、正確さも求められます。制限時間は決して長くないため、類題をくり返し解いて練習することをおすすめします。また、問題を解く際、順番通りに置き換えるのではなく、はさみの絵全てに○、消しゴムの絵全てに×、といった解き方も可能です。解答の正確さに難を感じる場合、このような解き方も試してみましょう。

【おすすめ問題集】
　Ｊｒ・ウォッチャー57「置き換え」

問題3　分野：言語（様子を表す言葉）

〈解答〉　下図参照

「のぼる」は、漢字で書くと、「上る」「登る」「昇る」があります。同じ音ですが、意味が違うと同時に漢字も違います。「階段を上る」「山を登る」までは、わかりやすいかと思いますが、「日が昇る」は、お子さまには少々難しかったかもしれません。「ねじる」も、作業として理解できたでしょうか。似たような言葉に「ひねる」という言葉もあります。「ねじる」は、多少力を加え、一方向ではなく両端から回すという時に使われ、「ひねる」は、ある程度楽に回転するように作られたものに用いられる用語です。大人でも使い方を間違えることがあります。日本語の語彙を増やすためにも、お子さまには沢山の言葉を使った会話を心がけてください。

【おすすめ問題集】

Ｊｒ・ウォッチャー17「言葉の音遊び」、18「いろいろな言葉」

問題4　分野：記憶（お話の記憶）

〈解答〉　下段右端

お話の記憶の問題です。ハト兄弟のお家の条件をしっかりと聴き取ることが、解答のポイントとなります。解答には、似たようなお家が並んでいるので、曖昧な記憶では、選択することが難しいでしょう。このような、複数の条件の中から答えを探す問題は、基本的にお話を聞きながら、消去法で選んでいくやり方をおすすめします。説明を基に、当てはまらない絵を、解答用紙を見ながら、目で消去していきます。「長四角の煙突」という条件が出てきたとき、5つの選択肢から2つは除外することができます。順に条件を当てはめていくと、答えとなるものが残ります。解き方は他にもありますが、一例として紹介しておきますので、参考にしてください。

【おすすめ問題集】

Ｊｒ・ウォッチャー18「いろいろな言葉」、19「お話の記憶」、
20「見る記憶・聴く記憶」

問題5　分野：比較（長さ・大きさ）

〈解 答〉　下図参照

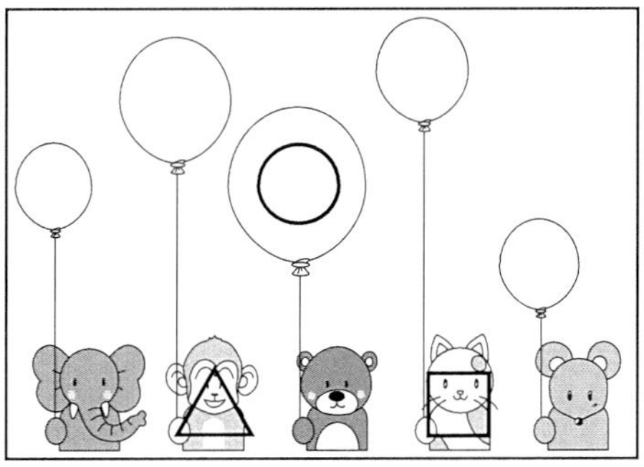

長さや大きさの比較です。「１番長い・１番大きいもの」という問題であれば、わかりやすいのですが、必ずしもそれが問われるとは限りません。この問題で要注意の問題は設問②です。最初の問題では、風船に○をつけました。しかも一番大きい風船です。設問①を引きずったお子様は、この問題で風船に印を書いたり、一番長いひもの絵に解答記号を書いている可能性があります。このような点が見られたら要チェックです。このようなことは、問題をしっかりと聞き取っていないことを起因とする間違いです。これは、途中で修正がなされたとしても同様です。問題を正確に聞き取らない場合は、他の問題においても起こりうるミスであり、大きな減点につながります。そうならないようにしっかりと聞き取る習慣をつけましょう。

【おすすめ問題集】

Ｊｒ・ウォッチャー15「比較」

問題6　分野：巧緻性（運筆）

〈解 答〉　省略

運筆の問題において、「なぞる」問題はよく出題されます。難易度は高くありませんが、集中力が試されます。お子さまが姿勢を正し、しっかりと点に沿ってなぞることができるかが重要なポイントです。最後まで集中力を切らさずに、４種類の線を書くことは難しいと思います。焦らず、取り組みましょう。指示には「鉛筆を離さずになぞってください。」とありますので、ひと筆で書きましょう。下の黒星までなぞることができるように、練習をしましょう。チェックポイントは、筆圧、線の上をしっかりとなぞれているか、スピード、正しい姿勢、鉛筆の正しい持ち方ができているかなどが挙げられます。

【おすすめ問題集】

Ｊｒ・ウォッチャー51「運筆①」、52「運筆②」

問題7　分野：数量（数の比較）

〈解 答〉　下図参照

7－1

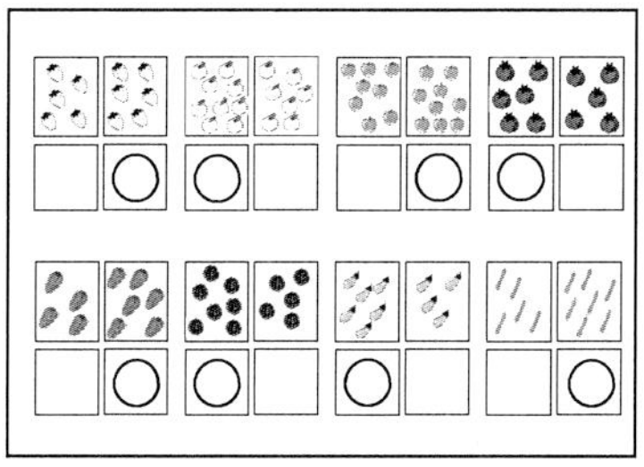

7－3

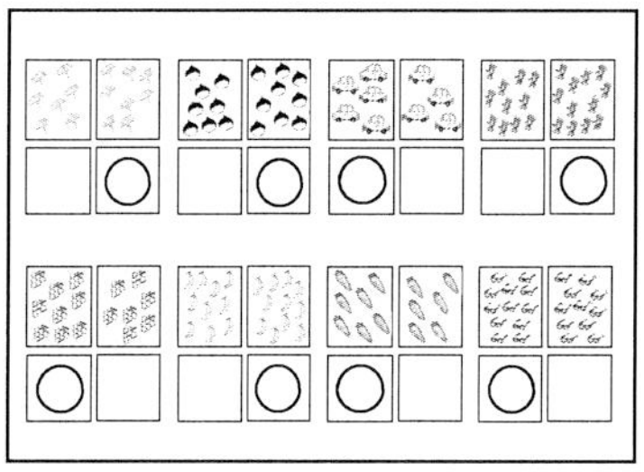

7－2

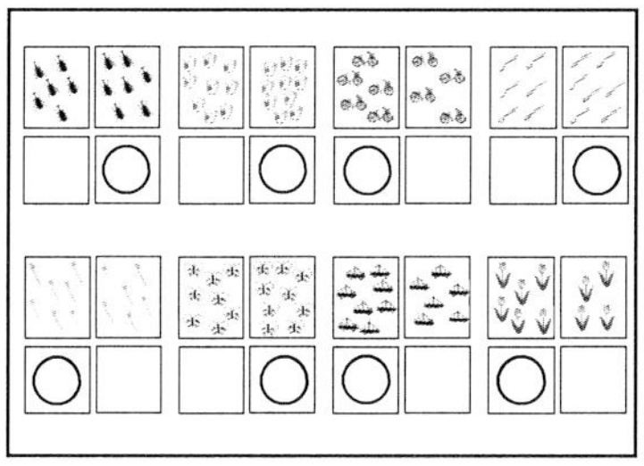

7－4

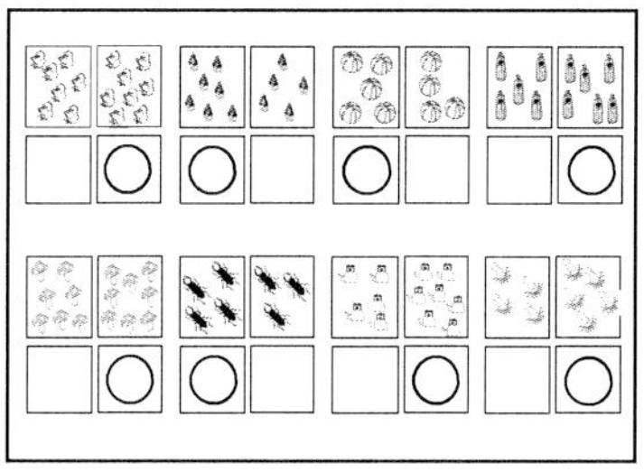

4枚にわたる、数の大小を求める問題です。「やめ」と言われるまで解いていく必要があります。この指示を理解できていないと、1枚だけ終えて、そのまま時間が来るのを待ってしまうこともありますので、指示をしっかりと聞くよう心がけましょう。2つの絵を見比べて、多い方に○を書くという問題ですが、焦って○の形が歪になってしまう場合があります。○は下から書き始め、下できちんと留め合わせます。歪な記号は採点者によくない印象を与えるため、気をつけたいポイントの一つです。また、問題数があるので、スピードも要求されます。類題を繰り返し練習してください。時間内に解き終えた問題は、全問正解を目指しましょう。

【おすすめ問題集】

Ｊｒ・ウォッチャー14「数える」、15「比較」

問題8　分野：行動観察・運動

〈解 答〉　省略

一見、競争のようですが、順位は関係ありません。集団行動でのルールやマナー、お友だちへの配慮、体力、バランス感覚等を観る問題です。2地点から同時にスタートするので、当然、運動神経の良いお子さまは、自分の前の人の真後ろまで追い付いてしまうかもしれません。そのような時は、お約束を思い出し、ルールを遵守して取り組んでください。また、ゆっくり確実に飛び越すタイプのお子さまは、周りのお友だちの様子も伺いスピードを調整できるような配慮ができるとよいです。一番肝心なことは、楽しくなりすぎて、声が出てしまうことや、ふざけてしまうことです。分別をきちんとつけて臨みましょう。

【おすすめ問題集】

Ｊｒ・ウォッチャー29「行動観察」、56「ルールとマナー」

問題9　分野：行動観察（集団行動、マナー・ルール）

〈解 答〉　省略

走り出す順番が「並んだ順」ということが特徴的です。ルールを理解し、積極的なお子さまは、恐らく先頭に並ぶでしょう。控え目で、ルールを把握しきれていないお子さまは、後ろに並ぶかと思います。競争心から、缶積みが雑になりやすいので、次に積み上げる人のためにも、歪んでいないか、確認してからバトンタッチしましょう。また、白缶は、高さは稼げますが、不安定になりがちです。白缶はひとり１缶のお約束ですが、熱の入るあまり、ルールを忘れてしまうこともあります。終わった後の体育座りも、足を開いたり、砕けた姿勢にならないよう心がけましょう。勝っても負けても、お互いのグループに拍手することも忘れないようにしましょう。

【おすすめ問題集】
Ｊｒ・ウォッチャー29「行動観察」、56「ルールとマナー」

問題10　分野：行動観察（集団行動、マナー・ルール）

〈解 答〉　省略

お子さまの普段の姿が出やすい問題です。横並びで同時にボールを投げるには、かごの数が少ないので、取り合いになってしまう可能性があります。このようなとき、どのような行動をとるのかも大切なことです。また、ボールをひとつずつ取ることができたか、当てたい的を狙うためあちこち移動したり、他のお友だちの邪魔をしていないか、点数にならないお化けの的に当てて楽しんでいないか、不適切な声を出していないか等々、気になる要素が多く含まれています。いずれも、普段から公共マナーやルールを守ることを、意識をして生活を送りましょう。こうしたことは一朝一夕には身につきません。

【おすすめ問題集】
Ｊｒ・ウォッチャー29「行動観察」、56「ルールとマナー」

問題11　分野：面接（保護者面接・幼児面接）

〈解 答〉　省略

例年通り、面接官３名と保護者と志願者という形式での面接でした。質問される内容は、願書に記入された内容が多いため、願書のコピーを必ず取り、面接の前に読み直すようにしましょう。面接では、形式的な答えを用意するのではなく、保護者間できちんと考えを共有し、父親・母親どちらに質問されても、同じ考えを述べられるように準備しましょう。質問内容は多岐にわたります。ですから、あらかじめ過去の質問内容を参考に、保護者間で話し合いを行い、どのような質問がされても対応できるようにしましょう。その理由には2つあります。一つは今述べた、どのような質問がされても対応できるようにすることです。もう一つは、面接で大切なことは、回答した内容もさることながら、回答の背景、保護者の方の信念が見えることが大切です。この点を強化するには、面接前にしっかりと保護者間で話し合い、自分たちの育児、教育、躾、家族のあり方などに自信を持つことです。こうした回答の背景に当たる部分がどうであるかはとても重要です。

【おすすめ問題集】
新 小学校受験の入試面接Ｑ＆Ａ、家庭で行う面接テスト問題集、
保護者のための面接最強マニュアル

問題12　分野：数量（同数発見、ひき算）

〈解 答〉　下図参照

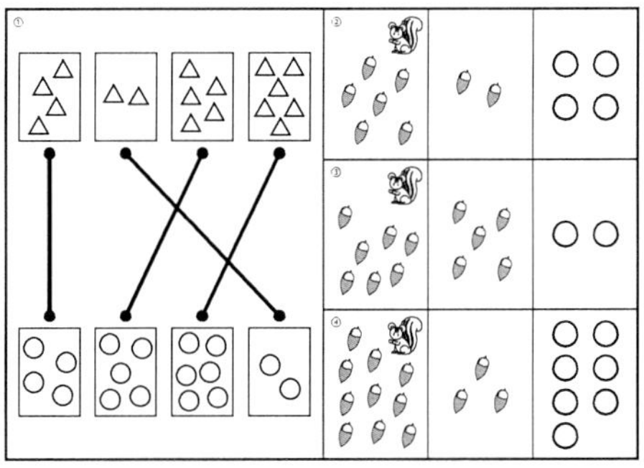

当校のペーパーテスト全般に言えることですが、基礎的な学習を積んでおけば対応できる問題が大半です。ただし、数量の中から同数発見、ひき算、数を分ける、積み木などの出題があるように、分野の中でも幅広い学習が必要になります。同じ分野の中でさまざまな出題があるということは、何を問われているのかを問題ごとに切り替えて考えなければいけないということです。解答欄の絵を見て「これは○○の問題だ！」というように、先走ってしまうとミスにつながります。幅広く出題される反面１つひとつの問題数が少ないので、問題を聞き逃したり、勘違いをしたりしてしまうとその問題すべてができなくなってしまう可能性もあります。基本的なことではありますが、問題をよく聞いてから解答することを徹底しましょう。

【おすすめ問題集】
Ｊｒ・ウォッチャー36「同数発見」、38「たし算・ひき算１」、
39「たし算・ひき算２」

問題13　分野：数量（数を分ける、積み木）

〈解 答〉　①左から２番目、右端　②左端、右端　③○：２　④○：１

①②は悩んだお子さまも多いかもしれません。形を組み合わせると考えてしまうと答えは出ません。ここで問われているのは積み木の数です。例えば、①の問題を数字で表せば、「７」にするためには「１」「４」「２」「３」のどれを合わせればよいでしょうということです。積み木の形は一切関係なく、数だけを考えればよいのです。③④は実際に積み木を使って考えるのが理解へ近道です。平面から立体をイメージするのはお子さまにとってハードルの高い作業なので、まずはペーパーではなく「もの」を使って考えるようにしてください。それがペーパー学習の基礎になり、深い理解へとつながっていきます。

【おすすめ問題集】
Ｊｒ・ウォッチャー16「積み木」、40「数を分ける」

問題14　図形（重ね図形、図形の重なり）

〈解 答〉　下図参照

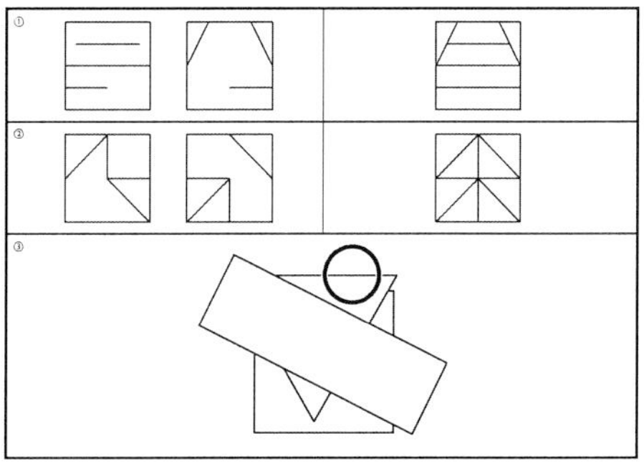

重ね図形の問題ですが、その形を描かなければいけないので、選択肢の中から選ぶ問題に比べると難しさは格段に上がります。また、四角の中に引かれた線の重ね図形というイメージしにくい形なので、難しく感じたお子さまも多かったのではないでしょうか。もし、できなかったのであれば、同じようなレベルの難しい問題に取り組むのではなく、できるところまで戻ることが大切です。やみくもに難しい問題を解いても理解できるようになるわけではありません。「できる」「わかる」を少しずつ積み重ねていくことによって、難しい問題にも対応できるようになっていくのです。

【おすすめ問題集】
Ｊｒ・ウォッチャー35「重ね図形」

問題15　分野：図形（回転図形）

〈解答〉　①右端　②右から２番目　③左から２番目

オーソドックスな回転図形の問題なので、しっかりと正解しておきたいところです。回転図形が今ひとつ理解できていないのであれば、「角」に注目するようにしましょう。①であれば、右上の黒いマス目は１回まわすと右下に移動します。角から角へと移動していくイメージです。②③ではこの方法は通用しませんが、理解のきっかけにはなるでしょう。はじめのうちは特徴的な部分に注目して、どう回転するかを考えていくのですが、回転図形には絵を回転させるものもあるので、最終的には図形（絵）全体を回すイメージができるようにならなければいけません。

【おすすめ問題集】

Ｊｒ・ウォッチャー46「回転図形」

問題16　分野：推理（迷路）

〈解答〉　下図参照

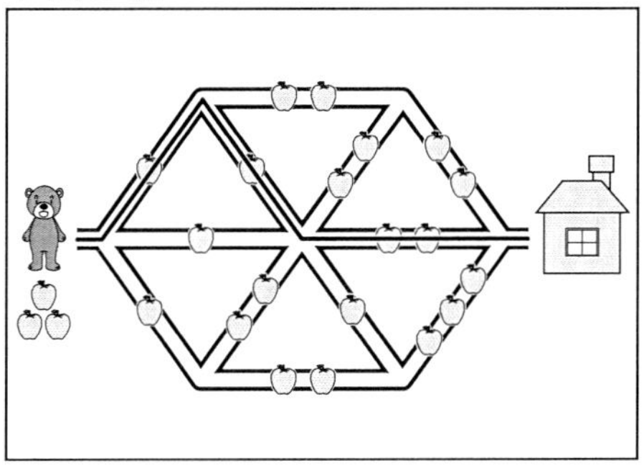

形としては迷路ですが、たし算の問題と考えることができます。クマさんがリンゴを３つ持っていて、最終的には７つにしたいので、道にあるリンゴを４つ拾えばよいということです。こうした時に数の構成を理解しているとスムーズに問題を進めることができます。例えば、「４」は「２と２」「１と３」「１と１と２」からできているということがわかっていれば、どう進むべきなのかも見えてきやすいでしょう。ゴールから逆算していくという考え方もありますが、解答を見れば、逆方向に線を引いていることはわかってしまいます。学習時の１つの取り組みとしてはありかもしれませんが、試験本番ではやめておいた方がよいでしょう。

【おすすめ問題集】

Ｊｒ・ウォッチャー７「迷路」、38「たし算・ひき算１」、39「たし算・ひき算２」、41「数の構成」

問題17　分野：推理（ブラックボックス）

〈解答〉　①○：３　②○：２　③○：３

●の箱を通ると２つ減り、★の箱を通ると１つ増えるというお約束のブラックボックスの問題です。ブラックボックスでも、本問のような数の増減だけの場合は、数量の問題としてとらえた方がシンプルに考えることができます。はじめのうちは箱ごとに増減を確認しながら解いていくやり方が確実ですが、箱全体でいくつの増減があるかをまとめて考えられるようになると効率よく解けるようになります。ただし、ブラックボックスには数量の増減だけでなく、形の変化や向きの変化などもあります。なので、数量としてとらえたとしても、どんな法則で変化をするのかをしっかりと理解しながら問題に取り組むことを忘れないようにしてください。

【おすすめ問題集】
Ｊｒ・ウォッチャー32「ブラックボックス」

問題18　分野：推理（比較、なぞなぞ）

〈解答〉　①真ん中　②左　③真ん中　④右

①②は比較の問題ですが、耳からの情報のみで考えなくてはならないので、慣れていないと戸惑ってしまうかもしれません。考え方としては一般的な比較の問題としてよく出題されるシーソーと同じです。ブドウジュース＞イチゴジュース、オレンジジュース＞ブドウジュースなので、オレンジジュース＞ブドウジュース＞イチゴジュースとなります。この比較を頭の中にイメージできるかどうかがカギになります。③④はなぞなぞというのか連想ゲームというのか、ヒントを手がかりに正解を見つける問題です。少し引っかけ的な選択肢はありますが、問題を聞いて最初にひらめいた答えをそのまま選ぶことができれば正解になるでしょう。選択肢の中から選ぼうとすると迷ってしまうこともあるので、自分の出した答えを選択肢の中から探すようにしましょう。

【おすすめ問題集】
Ｊｒ・ウォッチャー15「比較」、31「推理思考」、58「比較②」

問題19　分野：言語（尾音つなぎ）

〈解 答〉　右から２番目（カタツムリ）

５つの絵の尾音を並べ替えて１つの言葉にするというのが本問で問われていることなのですが、素直にその作業をすると、５つの音を並べ替えて１つの言葉を作らなくてはいけません。ぱっとひらめいて言葉が出てくればよいのですが、つまずいてしまうと時間だけが過ぎていってしまいます。テクニック的な話にはなってしまいますが、違った解き方をここでは紹介しておきます。例えば、ブタの「た」の音を下の選択肢から探します。「た」の音が入っているのは、カタツムリだけなのでそれが正解になります。本問ではすぐに正解にたどり着いてしまいましたが、この作業を繰り返していくことで、ひらめかなくても確実に正解することができます。言葉の音をしっかりと理解することが最優先ですが、こうした方法もあるということを覚えておくとよいかもしれません。

【おすすめ問題集】

Ｊｒ・ウォッチャー17「言葉の音遊び」、18「いろいろな言葉」、
60「言葉の音（おん）」

問題20　分野：常識（理科）

〈解 答〉　下図参照

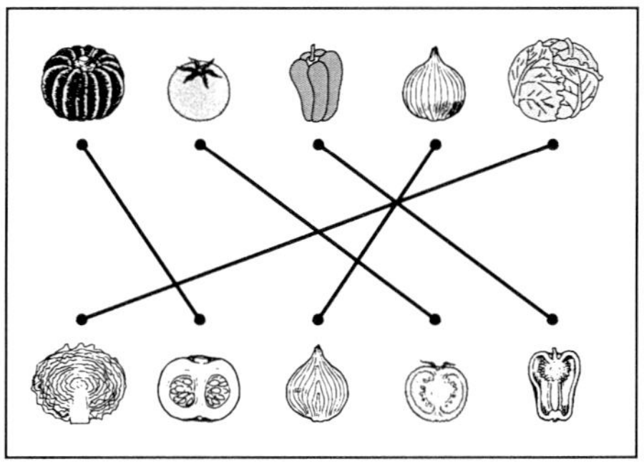

こうした問題をペーパー上の知識で覚えてしまうと、イラストのタッチが変わったり、写真で出題されたりした時に対応できなくなってしまうことがあります。そうならないためにも、できるだけ生活の中で実物を目にして知識を身に付けていくようにしましょう。目の前で野菜を切る様子を見ることは、断面の形を覚えるだけでなく、その色や匂いや手触りなど、さまざまな情報がインプットされます。そうした経験はペーパー学習では得られない大切なものです。それだけでなく、その野菜を使ってどんな料理をするのか、その野菜の旬はいつなのかといったことも一緒に学んでいけば、知識の幅がもっと広がっていきます。少し手間はかかってしまうかもしれませんが、生活の中で学べることは実際に体験させてあげるようにしてください。

【おすすめ問題集】

Ｊｒ・ウォッチャー27「理科」、55「理科②」

問題21　分野：お話の記憶

〈解 答〉　①左端（クマ）　②右端（チョコレート）　③左端（怒った顔）
④左から２番目（ニンジン）　⑤左端（お父さん）　⑥右端（心配な顔）

例年出題されている、短文のお話に３問程度の質問という形のお話の記憶です。短いお話をしっかり聞いていれば答えられる①②④⑤は確実に正解しておかなければいけない問題です。本問で重視されているのは登場人物の気持ちを問う③⑥になるでしょう。大人からすれば簡単に理解できる相手の気持ちも、お子さまの年齢では意外とわからなかったりするものです。そんな時は、自分がお姉ちゃん（お父さん、お母さん）だったらどんな気持ちになるかというように、自分の気持ちに置き換えて考えさせるようにしてみてください。自分がどんな気持ちになるかを考えることで、相手の気持ちを想像させるのです。こうしたことは日常生活の中でもできるので、折を見て問いかけるようにしていきましょう。

【おすすめ問題集】
1話5分の読み聞かせお話集①・②、お話の記憶問題集 初級編、
Ｊｒ・ウォッチャー19「お話の記憶」

問題22　分野：巧緻性（運筆）

〈解 答〉　省略

当校のペーパーテストでは消しゴムを使用しますが、運筆のテストの時にたくさんの消し跡があると印象がよくありません。消しゴムを使用しなくてもよいように練習しましょう。運筆がうまくできない原因の多くは、集中力の欠如、鉛筆の持ち方などがあります。つまり、運筆は鉛筆をきちんと持てているかどうかを観る課題といってもよいでしょう。もし、お子さまの鉛筆の持ち方が正しくなかったとしたら、すぐに直すようにしてください。間違った持ち方に慣れてしまっていると、直すにはある程度の時間がかかります。試験に向けてということももちろんありますが、小学校入学後も大切なことなので、今のうちにしっかりと正しい持ち方ができるように修正しましょう。

【おすすめ問題集】
Ｊｒ・ウォッチャー51「運筆①」、52「運筆②」

問題23　分野：巧緻性（制作・折り紙）

〈解 答〉　省略

本問のように、好きな折り紙を選んで好きなように折るという自由度の高い課題を与えられると、何をすればよいのかわからなくなってしまうお子さまがいます。具体的な指示があればそつなくこなせるのに、自分で考えて行動することが苦手なのです。単純に見えますが、しっかりとした行動観察と言える課題です。だからといって特別な対策をする必要はありません。家庭学習の時などに「次は好きなことをやっていいよ」というように、自分で考えたり、選んだりできるような取り組みをしてあげるだけで充分です。受け身ではなく自発的・積極的に行動できるお子さまを学校は望んでいます。指示を守りつつ、積極的に行動できるようにしていきましょう。

【おすすめ問題集】
　実践 ゆびさきトレーニング①・②・③

問題24　分野：口頭試問

〈解 答〉　省略

この問題は、正解のない質問ですから、何を答えるのかが重要ではありません。「質問の意味を理解し、それに沿って回答する」このようなコミュニケーション能力が観られているといってもよいでしょう。一問一答形式ではなく、1つの質問を掘り下げていく形ですから、答えの根拠や理由を訊かれます。その時に「○○なので××です」という形で答えられると、しっかりと会話ができていると言えます。つまり、自分の考えを「言語化」できることが重要なのです。小学校受験も、ただ知識を詰め込めば合格できるという時代ではありません。小学校入試でも自分の考えが言えることが必要になってきています。

【おすすめ問題集】
　新 口頭試問・個別テスト問題集、新 ノンペーパーテスト問題集
　口頭試問最強マニュアル ペーパーレス編
　口頭試問最強マニュアル 生活体験編

問題25　分野：面接（保護者面接・幼児面接）

〈解答〉　省略

面接官３名と保護者（両親）＋志願者という形で面接が行われました。願書に記入した内容からの質問が多く、質問は家庭ごとに異なっています。また、１つの質問を掘り下げる形で進められるので、答えを準備して面接に臨んでもあまり意味はありません。いずれにせよ学校の教育理念と家庭の教育理念が合っているか、家族のコミュニケーションがとれているかといったところが観られているので、そうした点を保護者の間で共有して面接に臨むようにしましょう。志願者、父親、母親に対する質問の割合も家庭ごとに異なっているようなので、その場での対応力が求められる面接と言えます。

【おすすめ問題集】

新 小学校受験の入試面接Ｑ＆Ａ、家庭で行う面接テスト問題集、
保護者のための面接最強マニュアル

南山大学附属小学校　専用注文書

年　　月　　日

合格のための問題集ベスト・セレクション

＊入試頻出分野ベスト３

順位	分野	力
1st	図形	観察力　思考力
2nd	推理	思考力　聞く力
3rd	数量	思考力　聞く力

ペーパーテストは幅広い分野で出題されているため、バランスよく学習する必要があります。また、当校はノンペーパーテストにも力を入れています。どちらもバランスよく学習するようにしましょう。

分野	書　名	価格(税込)	注文	分野	書　名	価格(税込)	注文
図形	Ｊｒ・ウォッチャー４「同図形探し」	1,650円	冊	数量	Ｊｒ・ウォッチャー36「同数発見」	1,650円	冊
推理	Ｊｒ・ウォッチャー６「系列」	1,650円	冊	数量	Ｊｒ・ウォッチャー38「たし算・ひき算１」	1,650円	冊
推理	Ｊｒ・ウォッチャー７「迷路」	1,650円	冊	数量	Ｊｒ・ウォッチャー39「たし算・ひき算２」	1,650円	冊
数量	Ｊｒ・ウォッチャー14「数える」	1,650円	冊	数量	Ｊｒ・ウォッチャー40「数を分ける」	1,650円	冊
数量	Ｊｒ・ウォッチャー16「積み木」	1,650円	冊	図形	Ｊｒ・ウォッチャー46「回転図形」	1,650円	冊
言語	Ｊｒ・ウォッチャー17「言葉の音遊び」	1,650円	冊	言語	Ｊｒ・ウォッチャー49「しりとり」	1,650円	冊
言語	Ｊｒ・ウォッチャー18「いろいろな言葉」	1,650円	冊	巧緻性	Ｊｒ・ウォッチャー51「運筆①」	1,650円	冊
巧緻性	Ｊｒ・ウォッチャー25「生活巧緻性」	1,650円	冊	巧緻性	Ｊｒ・ウォッチャー52「運筆②」	1,650円	冊
常識	Ｊｒ・ウォッチャー27「理科」	1,650円	冊	常識	Ｊｒ・ウォッチャー55「理科②」	1,650円	冊
観察	Ｊｒ・ウォッチャー29「行動観察」	1,650円	冊	言語	Ｊｒ・ウォッチャー60「言葉の音（おん）」	1,650円	冊
推理	Ｊｒ・ウォッチャー31「推理思考」	1,650円	冊		１話５分の読み聞かせお話集①・②	1,980円	各　冊
推理	Ｊｒ・ウォッチャー32「ブラックボックス」	1,650円	冊		新口頭試問・個別テスト問題集	2,750円	冊
常識	Ｊｒ・ウォッチャー34「季節」	1,650円	冊		実践 ゆびさきトレーニング①・②・③	2,750円	各　冊
図形	Ｊｒ・ウォッチャー35「重ね図形」	1,650円	冊		新 小学校受験の入試面接Ｑ＆Ａ	2,860円	冊

合計	冊	円

（フリガナ） 氏　名	電　話 ＦＡＸ E-mail
住 所　〒　　　－	以前にご注文されたことはございますか。 有　・　無

★お近くの書店、または記載の電話・FAX・ホームページにてご注文をお受けしております。
電話：03-5261-8951　FAX：03-5261-8953　代金は書籍合計金額＋送料がかかります。
※なお、落丁・乱丁以外の理由による商品の返品・交換には応じかねます。
★ご記入頂いた個人に関する情報は、当社にて厳重に管理致します。なお、ご購入の商品発送の他に、当社発行の書籍案内、書籍に関する調査に使用させて頂く場合がございますので、予めご了承ください。

日本学習図書株式会社
http://www.nichigaku.jp

◎学習効果を上げるため、前掲の「家庭学習ガイド」をお読みになり、各校が実施する入試の出題傾向をよく把握した上で問題に取り組んでください。

※冒頭の「本書ご使用方法」「本書ご使用にあたっての注意点」も併せてご覧ください。

〈名進研小学校〉

2022年度の最新問題

問題26　分野：数量（ひき算・同数発見）

〈準備〉　鉛筆

〈問題〉　① 26-１の絵を見てください。右と左の絵では、数はいくつ違いますか。違う数だけ、その下の四角に○を書いてください。
② 26-２の絵を見てください。左端の絵と同じ数の絵を右から選んで、その絵に○をつけましょう。

〈時間〉　①１分　②20秒

問題27　分野：図形（四方からの観察・積み木の数）

〈準備〉　鉛筆

〈問題〉　①27-１の絵を見てください。積み木の数を数えて、その数だけ右の四角に○を書いてください。
②27-２の絵を見てください。左の積み木を矢印の方向から見た時、どのように見えますか。右側の四角から選んで、○をつけてください。

〈時間〉　①30秒　②20秒

問題28　分野：推理（系列）

〈準備〉　鉛筆

〈問題〉　28の絵を見てください。この絵は、あるお約束の順番で並んでいます。
① 四角の中に入る絵を下から選んで、○をつけてください。
② 四角の中に入るものは何でしょうか。絵や記号を書き込んでください。

〈時間〉　１分

問題29　分野：座標の移動

〈準備〉　鉛筆

〈問題〉　いちばん上の絵を見てください。ライオンは進行方向に向かって真っすぐ進み、コアラとパンダは、進行方向に向かって矢印の方向に曲がる、というお約束が書いてあります。どの動物も、一回につき、１マスだけ移動します。では、このお約束のすぐ下にある動物の絵に従って、それぞれの動物の矢印の方向に車が動いていくと、最後に車はどのマスに着きますか。そのマスに○をつけてください。

〈時間〉　１分30秒

問題30　分野：図形（点図形・模写）

〈準備〉　鉛筆

〈問題〉　① 30-１の絵を見てください。左のお手本と同じように、右側に描きましょう。
② 30-２の絵を見てください。お手本と同じ場所に○を書いてください。２つとも解いてください。

〈時間〉　①　１分15秒　②　20秒

問題31　分野：図形（回転図形）

〈準備〉　鉛筆

〈問題〉　左の絵を矢印の方向に、矢印の数だけ倒したら、どのようになりますか。右側から選んで、○をつけてください。２つとも解いてください。

〈時間〉　40秒

問題32　分野：常識（理科的常識）

〈準備〉　鉛筆

〈問題〉　①上の絵を見てください。それぞれのコップに水が入っていますが、水の量は、みな違います。そこに氷を同じ数ずつ入れました。氷が全部解けると、どのコップの水が一番多くなりますか。そのコップの絵の上の四角に○をつけてください。
②下の絵を見てください。それぞれのコップに水が入っていて、今、水の高さは同じですが、氷の数はみな違います。今から氷を取り出します。氷を取り出した後、水の高さが一番低くなるコップはどれになりますか。そのコップの上の四角に○をつけてください。

〈時間〉　各20秒

問題33　分野：常識（生活習慣）

〈準備〉　鉛筆

〈問題〉　下の四角の中にいろいろなものが描いてありますが、使い終わったり、壊れたりしたので、これらをごみとして出そうと思います。ごみは、分別して出さないといけません。上には、分別の仕方が書いてあります。この分別の仕方の下には、○・△などの記号が書かれています。では、下の四角の中のものは、どのごみとして出せばいいか、上の絵の分け方を見て、それに合った記号をそれぞれの絵に書いてください。

〈時間〉　２分

問題34　分野：常識（理科的常識）

〈準備〉　鉛筆・虫の鳴き声の音声

〈問題〉　これから生き物の鳴き声が聞こえてきます。鳴いている生き物は、どれでしょうか。このあとの指示に従い、絵に記号をつけてください。
①（音声）「ミーンミーン」この生き物に、○をつけてください。
②（音声）「リーンリーン」この生き物に、×をつけてください。
③（音声）「ブーンブーン」この生き物に、△をつけてください。
④（音声）「ホーホケキョ」この生き物に、□をつけてください。

〈時間〉　各10秒

問題35　分野：常識（生活習慣）

〈準備〉　鉛筆

〈問題〉　上の絵は、昔使っていた道具の絵です。下の絵は、今の時代に変化した昔の道具の絵です。上のどの道具が、下の道具になりましたか。点と点を線で結んでください。

〈時間〉　20秒

問題36　分野：記憶・常識

〈準備〉　鉛筆

〈問題〉　上の絵は、昔話に出てくる主人公が描かれています。下のどの絵と関係があるでしょうか。点と点を線で結んでください。

〈時間〉　30秒

問題37　分野：記憶（お話の記憶）

〈準備〉　鉛筆

〈問題〉　しん君は、クッキーが大好きです。今日は、お母さんが、おいしいクッキーを焼いてくれたので、おばあちゃんに持っていってあげることにしました。しん君は、船の絵のついた赤い帽子に、白いＴシャツ、青いズボンと青い靴を履いて出かけました。おばあちゃんにクッキーを渡すと、とても喜んでくれました。のどが渇いていたしん君は、ジュースを３杯飲みました。帰りに、しん君は、クッキーのお礼に、おばあちゃんからおせんべいを10枚もらいました。帰り道にある公園で、お友だちのららちゃんに会ったので、ららちゃんと一緒にブランコで遊びました。そして、ららちゃんにおせんべいを4枚あげました。家に帰ったしん君は、残りのおせんべいを全部食べました。

①しん君がすきなものは、何ですか。○をつけてください。
②しん君が被っていた帽子に○をつけてください。
③しん君は、おばあちゃんの家で、ジュースを何杯飲みましたか。その数だけ、ジュースに○をつけてください。
④しん君が家に帰ってから食べたおせんべいの数だけ○をつけてください。

〈時間〉　１分

問題38　分野：運動（個別観察）

〈準備〉　ラジオ体操の音楽、バランスボール、ボール、フープ、メトロノーム

〈問題〉　**この問題の絵はありません。**

① 【ラジオ体操】
- 先生のお手本を見ながら、ラジオ体操をします。

②【ボールバランス】
- バランスボールに腰掛け、手と足を同時にグーパーに開きます。
- バランスボールにお腹を乗せた、うつ伏せの状態で、床に手をつき、足をバタバタさせます。

③ 【ボール】
- 「止め」の合図まで、その場でドリブルを続けます。
- ボールを頭上に投げ、上げている間に頭・お腹を触ってキャッチします。

④【フープ】
- フープを腰で回します。
- フープを縄跳びのようにして跳びます。

⑤ 【跳躍運動】
- フープの周りをスキップします。
- メトロノームのリズムに合わせて行進します。
- 「止め」の合図まで、前後に両足跳びを続ます。

⑥【動物歩き】
- スタートラインからゴールまで、クマ歩きをします。

〈時間〉　①②、③④、⑤⑥　各５分

問題39　分野：言語（口頭試問）

〈準備〉　なし

〈問題〉　**この問題の絵はありません。**

・お名前を教えてください。
・お水をこぼしてしまったら、お父様・お母様に何と言われますか。
・これから短い文章を言いますから、しっかり聞いて、その後に同じように言ってください。
『ヘビがニョロニョロと草むらを抜けていく』
『坂道で落としたスイカが、コロコロと坂を転がった』

〈時間〉　５分

問題40　分野：運動（集団行動）

〈準備〉　ボール・カゴ・ヒマワリの的

〈問題〉　**この問題は絵を参考にしてください。**

2チーム対抗戦です。２つのカゴには、それぞれ赤と青のボールが入っています。Ａグループは赤、Ｂグループは青のボールを投げるお約束です。床に貼ってある足型の位置から、ボールは、中央にあるひまわりの絵に向かって、投げてもいいし、転がしてもいいです。「やめ」と言われるまで、ルールに従い、行ってください。最後は、ヒマワリの絵の近くにあるボールの色の数が、多い方が勝ちになります。先生が結果発表後、全員でボールを片づけます。

〈時間〉　５分

問題41　分野：巧緻性（切る・貼る・塗る）

〈準備〉　画用紙（白）・ハサミ・のり・赤い丸シール大、小（袋に入れてある）・クーピーペン・セロハンテープ・○が描かれた橙色の画用紙・三角形と四角形の中にライオンとワニの絵が描かれた画用紙・バスと木の絵が描かれた画用紙・何も描かれてない長四角の画用紙

〈問題〉　**この問題は絵を参考にしてください。**

白い画用紙を半分に折ります。半分に折ったら、点線部分を線に沿って切ります。切った部分を反対側に折り返すと、その部分だけ立体的に立ち上がります。木の絵をハサミで切り取り、41－１の絵の通りに画用紙に貼ります。ここまで準備ができたら、
・橙色の太陽を形に添って手でちぎり、太陽の指定場所にのりをつけて貼ります。
・袋から大小の赤い丸シールを取り出し、画用紙に貼った木の絵に貼り、リンゴの木にします。
・バスの絵は、ハサミで切り取り、台紙の飛び出たところに、のりをつけて貼ります。
・動物の絵は、クーピーペンで色を塗った後、太線に沿って切り取ったら、点線に沿って山折りし、台紙に立つようにセロハンテープを使って貼ります。
・無地の用紙には、自分の好きな生き物や花などを描いて、同じように点線の部分を山折りして、セロハンテープを使って立つように貼ります。

〈時間〉　15分

問題42　分野：面接（保護者面接・幼児面接）

〈準備〉　なし

〈問題〉　**この問題の絵はありません。**

【志願者へ】
・名前と幼稚園の名前を教えてください。
・将来の夢は何ですか。どうしてなりたいのですか。
・好きな食べ物、嫌いな食べ物を１つずつ教えてください。
・お母さんとお父さんの好きなところを教えてください。
・お手伝いはしますか。どんなお手伝いをしますか。
・今一番したいことは何ですか。
・得意なことや好きなことは何ですか。

【保護者へ】
・併願をされていますか。両方合格した場合、どちらに通われますか。
・通学時間はどれくらいですか。通学方法を教えてください。
・本校に知り合いの方はいますか。
・きょうだいはいますか。
・小学校受験をしようと思ったきっかけは何ですか。どちらが決めましたか。
・幼稚園で最近褒められたことはありますか。
・お子さまの長所を３つ教えてください。
・お子さまの名前の由来を教えてください。
・仕事で大切にされていることはありますか。
・お子さまのこれから伸ばしたいところを教えてください。

【親子課題】
・「好きな色と似合う色」について、３人で２分間、相談してください。
・５冊の本の中から好きな絵本を選んで、２分間読み聞かせをしてください。最後まで読めなくても大丈夫です。→どんな話だったか教えてください。
・右の机の封筒２つのうち、右の封筒の中の絵を使ってお話を作ってください。お父さん・お母さんと相談しても良いです。（２分）
・折り紙を折ってください。（２分）

〈時間〉　10分程度

家庭学習のコツ③　効果的な学習方法～問題集を通読する

過去問題集を始めるにあたり、いきなり問題に取り組んではいませんか？　それでは本書を有効活用しているとは言えません。まず、保護者の方が、すべてを一通り読み、当校の傾向、ポイント、問題のアドバイスを頭に入れてください。そうすることにより、保護者の方の指導力がアップします。また、日常生活のさまざまなことから、保護者の方自身が「作問」することができるようになっていきます。

2021年度の過去問題

問題43　分野：数量（選んで数える、一対多の対応）

〈準備〉　鉛筆

〈問題〉　①左の四角を見てください。この中で１番数の多いものはどれでしょうか。下の四角の中から選んで○をつけてください。
②右の四角を見てください。４匹の動物にチューリップとタンポポを１本ずつあげたいと思います。花は何本足りないでしょうか。下の四角の中にその数の分だけ○を書いてください

〈時間〉　①30秒　②20秒

問題44　分野：数量（ひき算）

〈準備〉　クーピーペンシル（12色）

〈問題〉　桃太郎がきびだんごを10個持っています。桃太郎はイヌに会うと２個、キジに会うと１個、サルに会うと３個きびだんごをあげなければいけません。鬼ヶ島に着くまでにちょうどきびだんごがなくなるところに赤色で、１番多く余るところに水色で○を塗ってください。

〈時間〉　１分30秒

問題45　分野：図形（点図形、模写、展開）

〈準備〉　鉛筆

〈問題〉　①上の四角を見てください。上の形と同じになるように下の四角の中に線を引いてください。
②下の四角を見てください。左端の４つに折った紙の黒い部分を切り取って開くとどんな形になるでしょうか。選んで○をつけてください。

〈時間〉　①１分30秒　②30秒

問題46　分野：推理（比較）

〈準備〉　鉛筆

〈問題〉　①上の四角を見てください。４つのコップに水が入っています。２番目に水が多いコップはどれでしょうか。選んで○をつけてください。
②下の四角を見てください。４つのコップに角砂糖を入れます。３番目に甘いのはどれでしょうか。選んで○をつけてください。

〈時間〉　各30秒

問題47　分野：言語（擬態語、しりとり）

〈準 備〉　鉛筆

〈問 題〉　①上の四角を見てください。「ゴクゴク」という言葉に合う絵はどれでしょうか。選んで○をつけてください。
②下の四角を見てください。四角で囲まれている絵がしりとりの最後になります。この絵が最後になるようにすべての絵をしりとりでつないで線を引いてください。

〈時 間〉　①30秒　②１分30秒

問題48　分野：常識（季節、マナーとルール）

〈準 備〉　鉛筆、「鯉のぼり」の音源、音楽再生機器

〈問 題〉　①これから流す音楽（「鯉のぼり」／いらかの波と雲の波～♪）と同じ季節の絵はどれでしょうか。選んで○をつけてください。
②カレーライスを食べる時の正しいスプーンの持ち方はどれでしょうか。選んで○をつけてください。
③昔からある遊びで、藤井聡太さんがやっているものはどれでしょうか。選んで○をつけてください。

〈時 間〉　各20秒

問題49　分野：巧緻性（制作・絵画）

〈準 備〉　鉛筆、クーピーペン（12色）、ハサミ、のり、セロハンテープ、気泡緩衝材（プチプチ）、折り紙（赤）、ひも

〈問 題〉　【お弁当作り】
（問題49-１の絵を渡す。あらかじめ左側の◯のところに穴を開けておく）
①ハンバーグ（問題49-２左上）を指でちぎり、丸の形のところにのりで貼ります。
②プチプチ（問題49-２右／見本）を台紙に描かれている三角と四角の形に切って、その形のところにテープで貼ります。
③（イチゴの折り方を動画で見ながら）
折り紙でイチゴを折って（問題49-２左下／見本）、ハートのところにのりで貼ります。

【遠足】
（問題49-３の絵を渡す。あらかじめ左側の◯のところに穴を開けておく）
①右下にモニター画面に映されたバス（問題49-４左）の絵を鉛筆で描きます。
②問題49-４右（あらかじめ切り取っておく）を☆は谷折り、◯は山折りにして橋にします。川に橋がかかるようにセロテープで貼ります。
③左上に行ってみたいところをクーピーペンシルで描きます。

【ちょう結び】
最後に２枚重ねて左側の２つの穴にひもを通しちょう結びにします。ゴミは袋に入れて片付けます。

〈時 間〉　20分程度

日本学習図書株式会社

2023 年度 愛知私立 過去 無断複製／転載を禁ずる

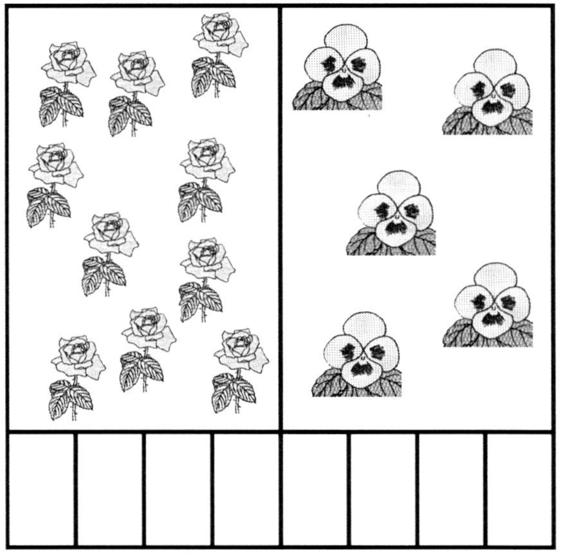

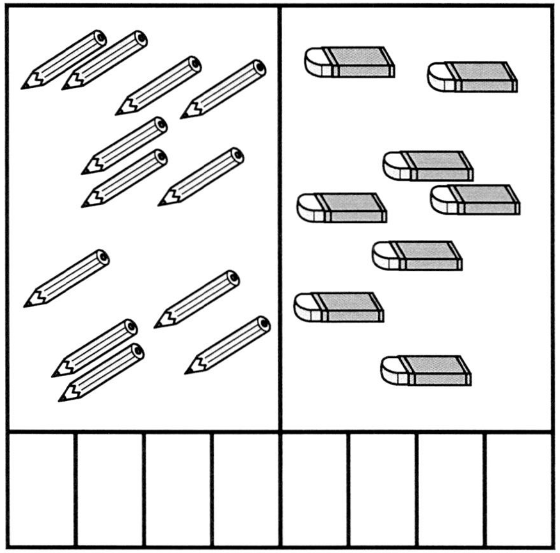

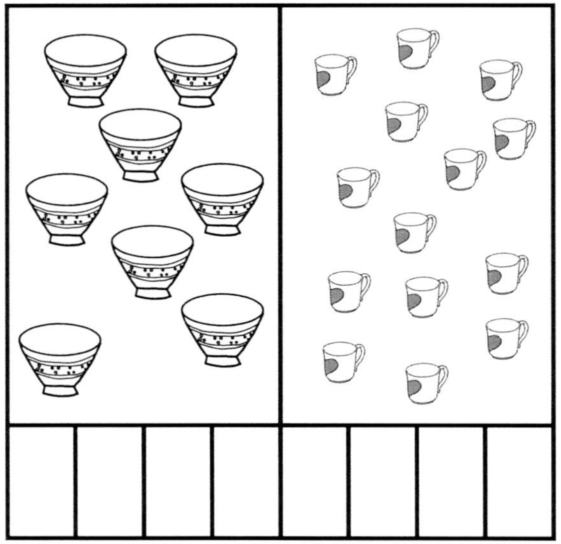

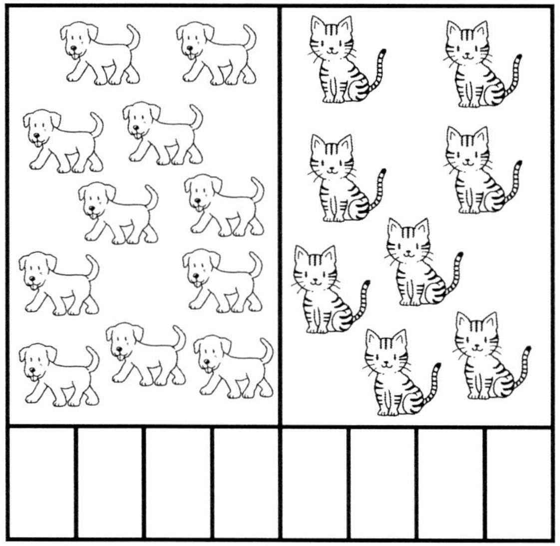

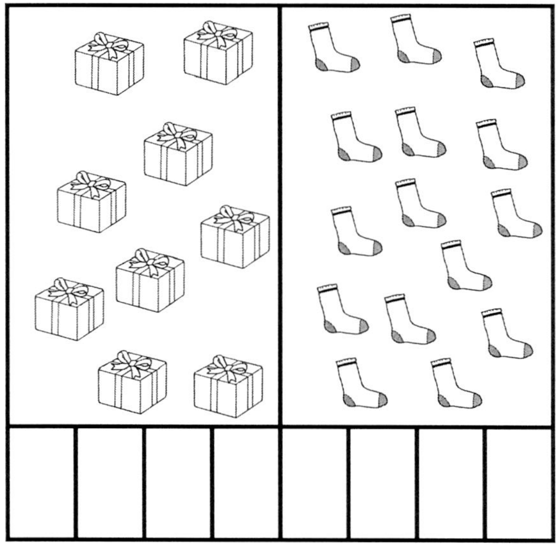

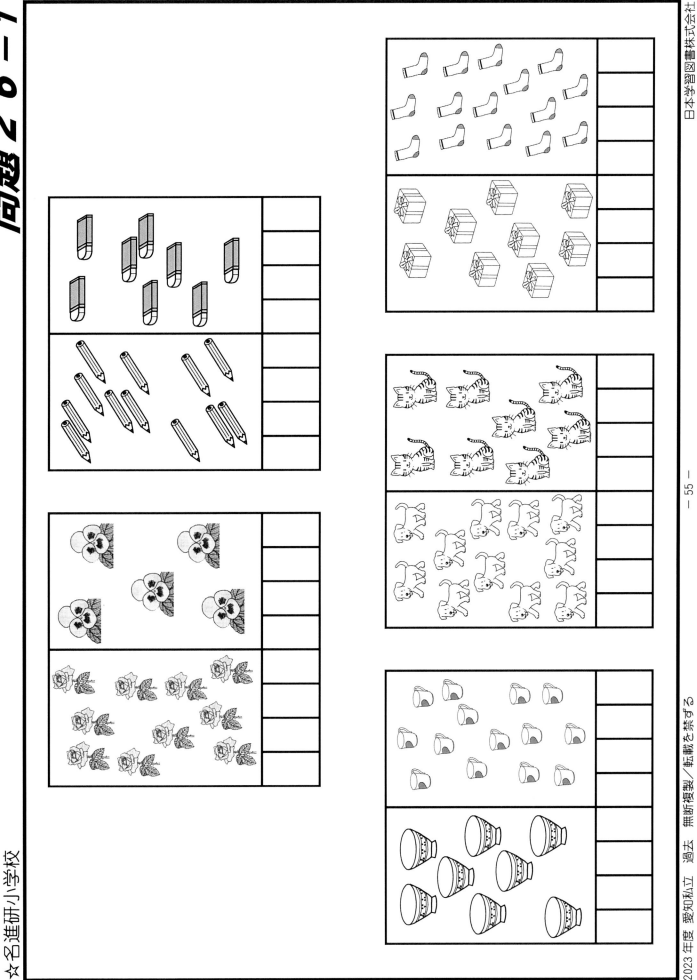

問題２６－２

☆名進研小学校

2023 年度 愛知私立 過去 無断複製／転載を禁ずる

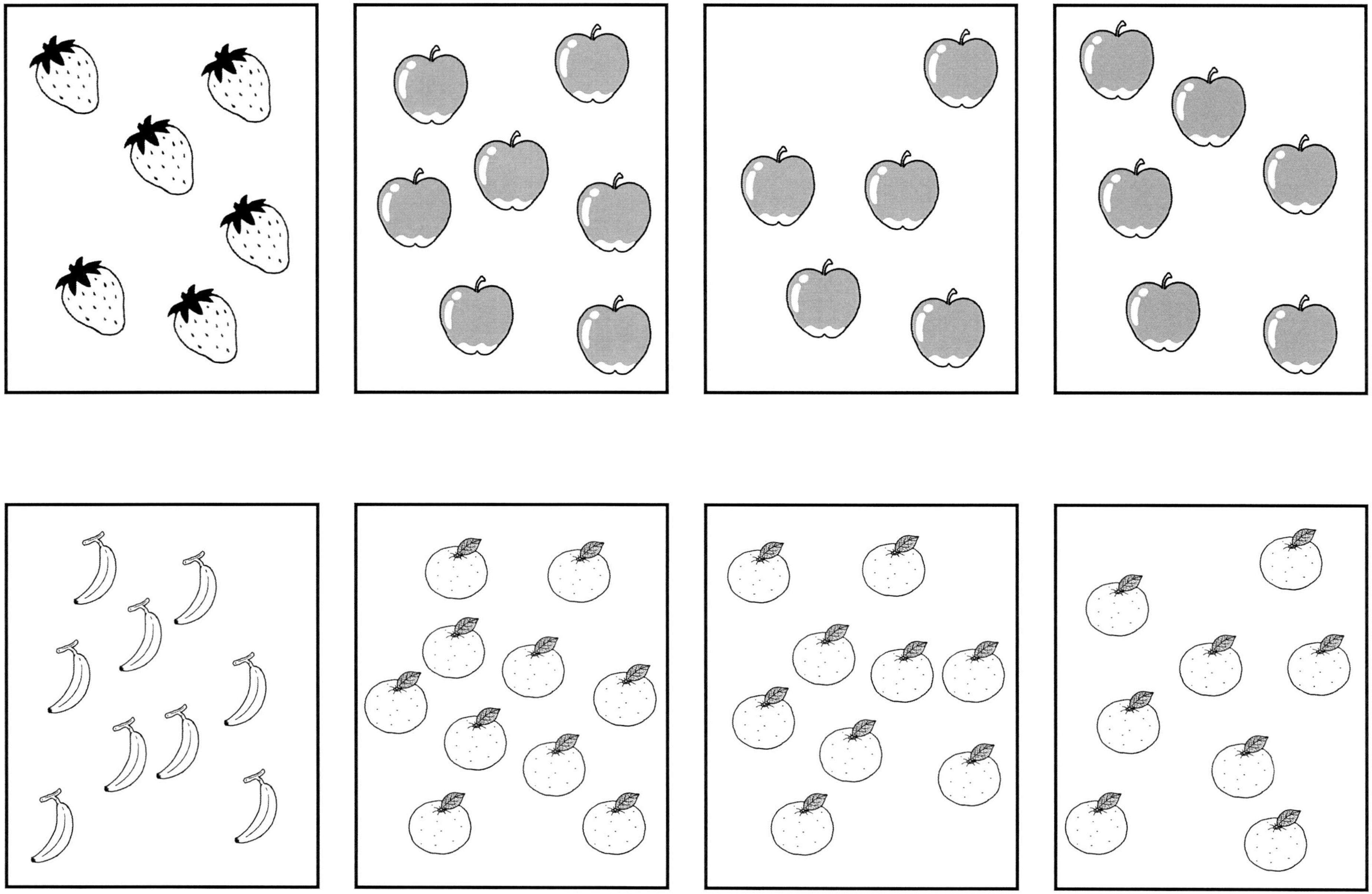

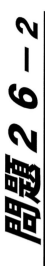

問題２７－１

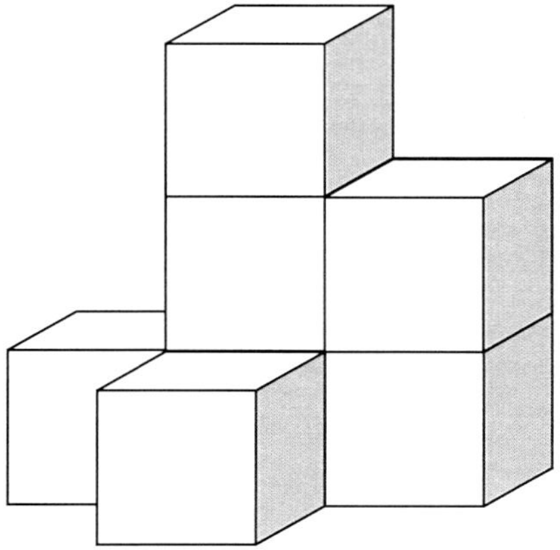

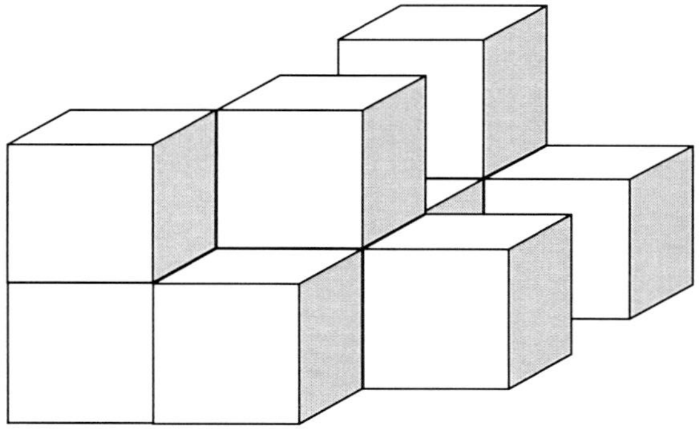

問題２７ー２

☆名進研小学校

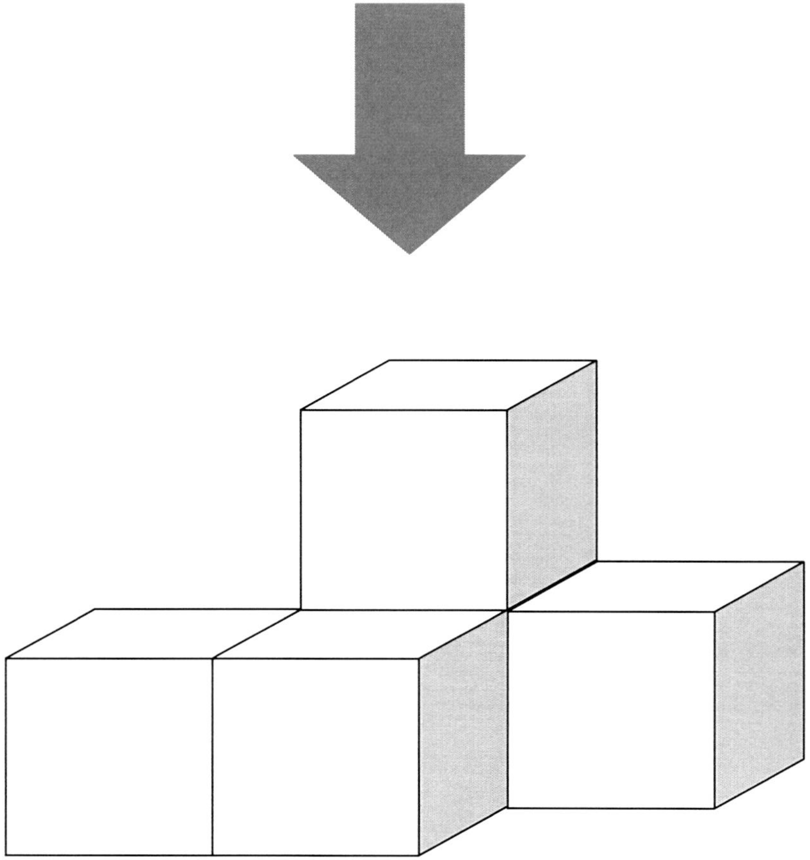

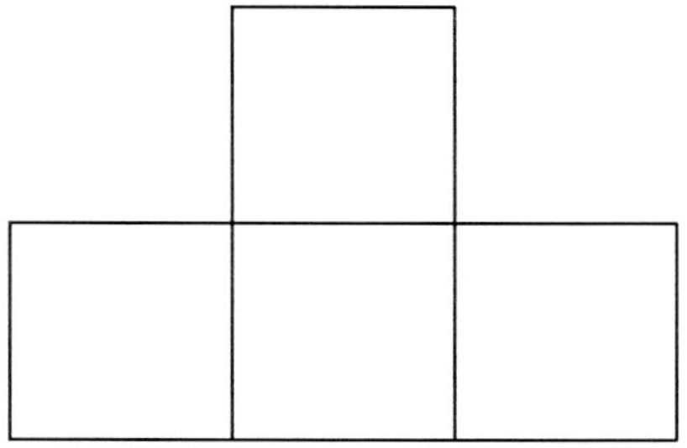

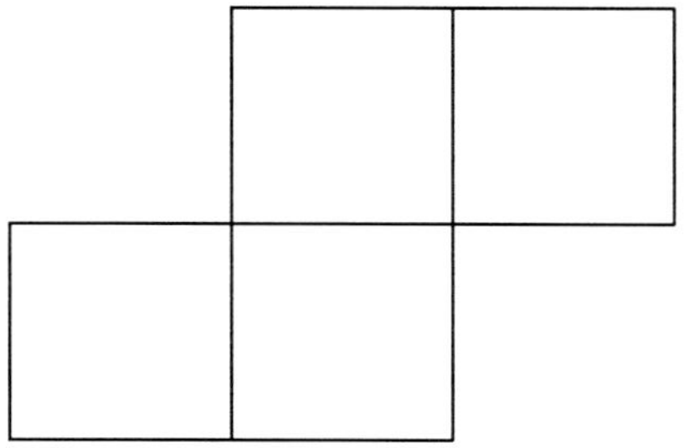

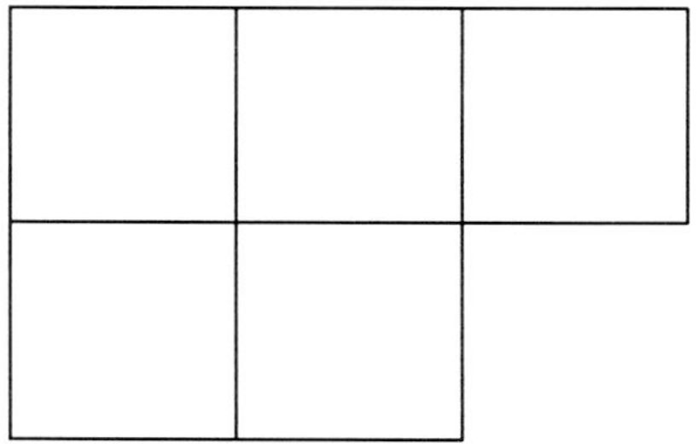

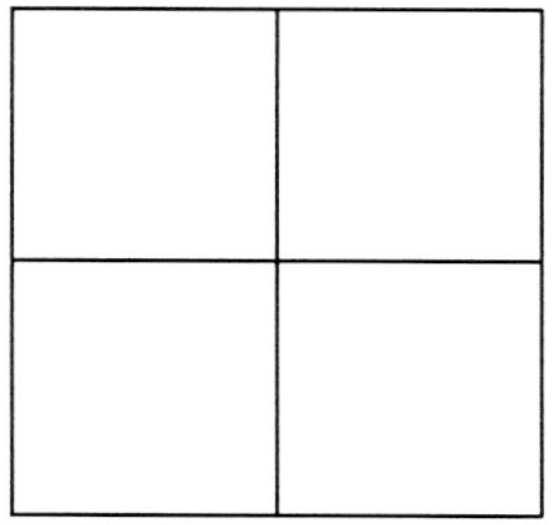

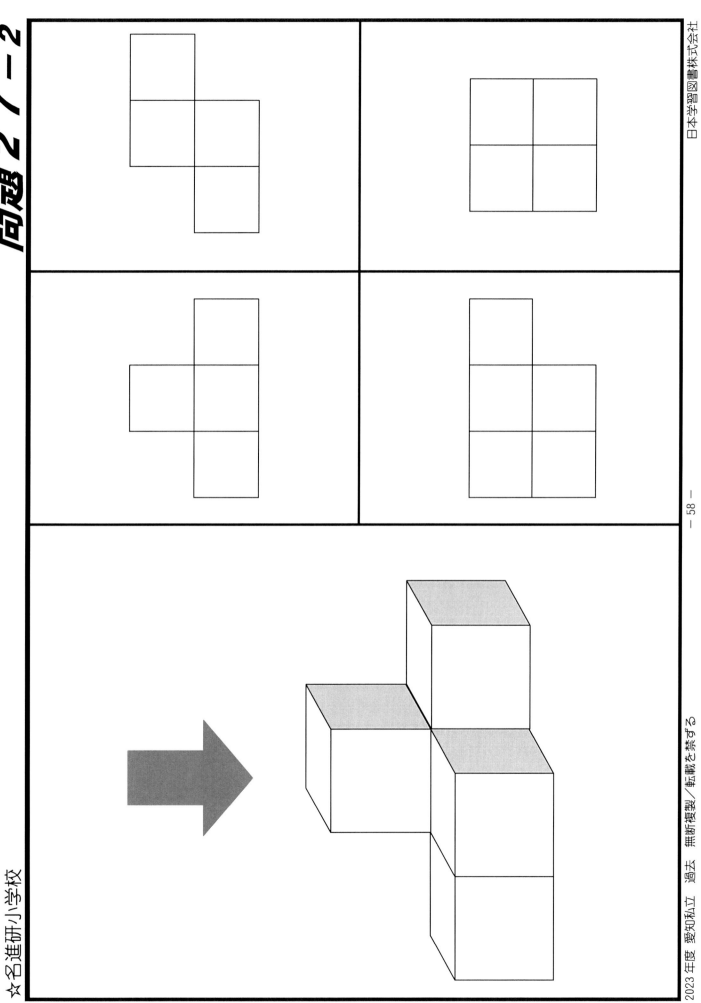

☆名進研小学校

問題２８

①

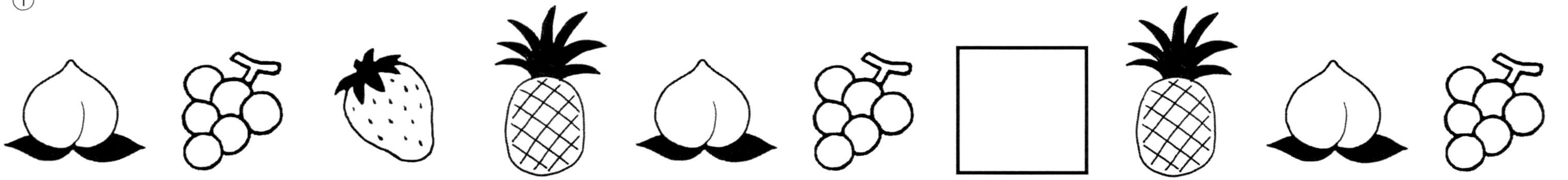

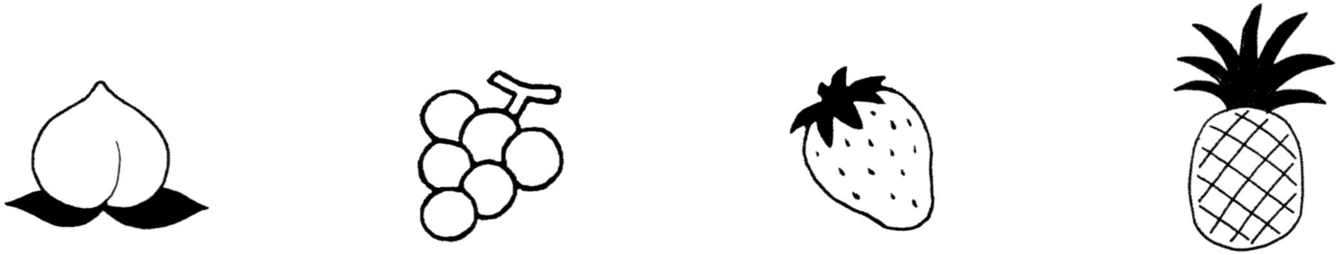

②

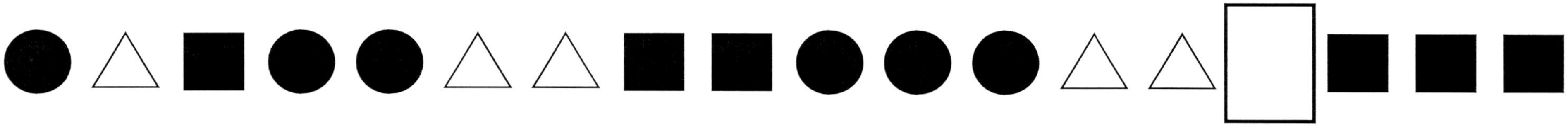

③

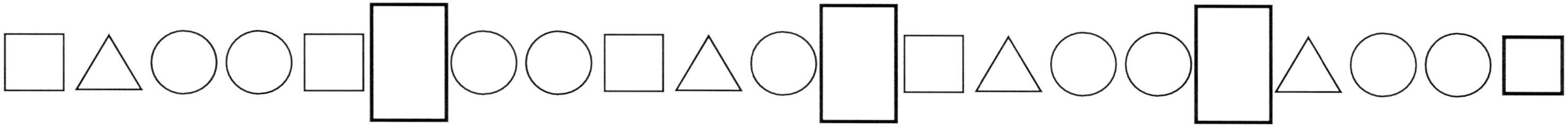

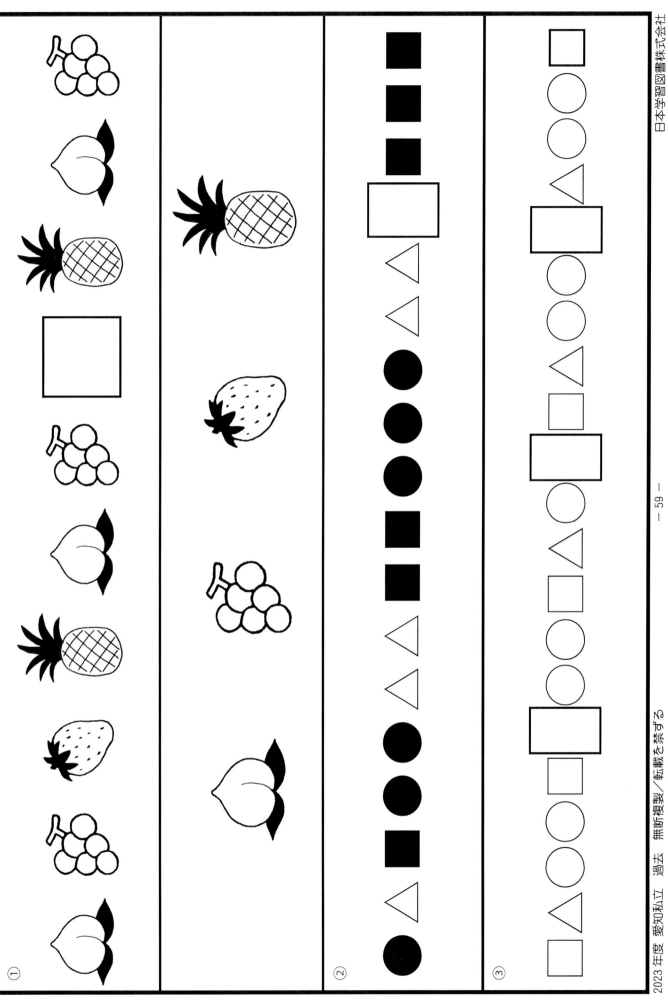

☆名進研小学校

問題２９

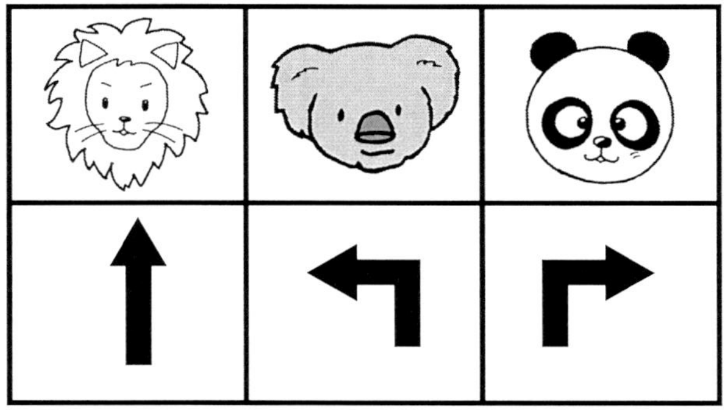

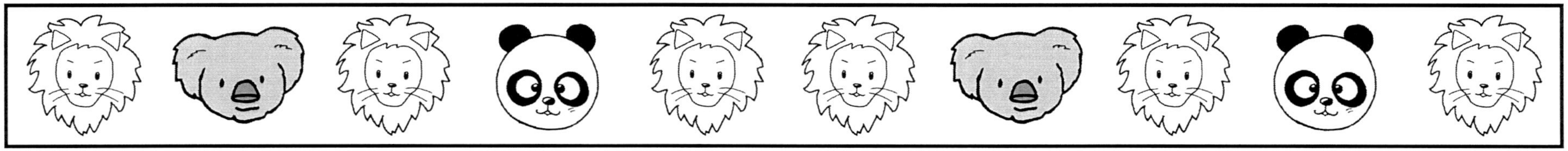

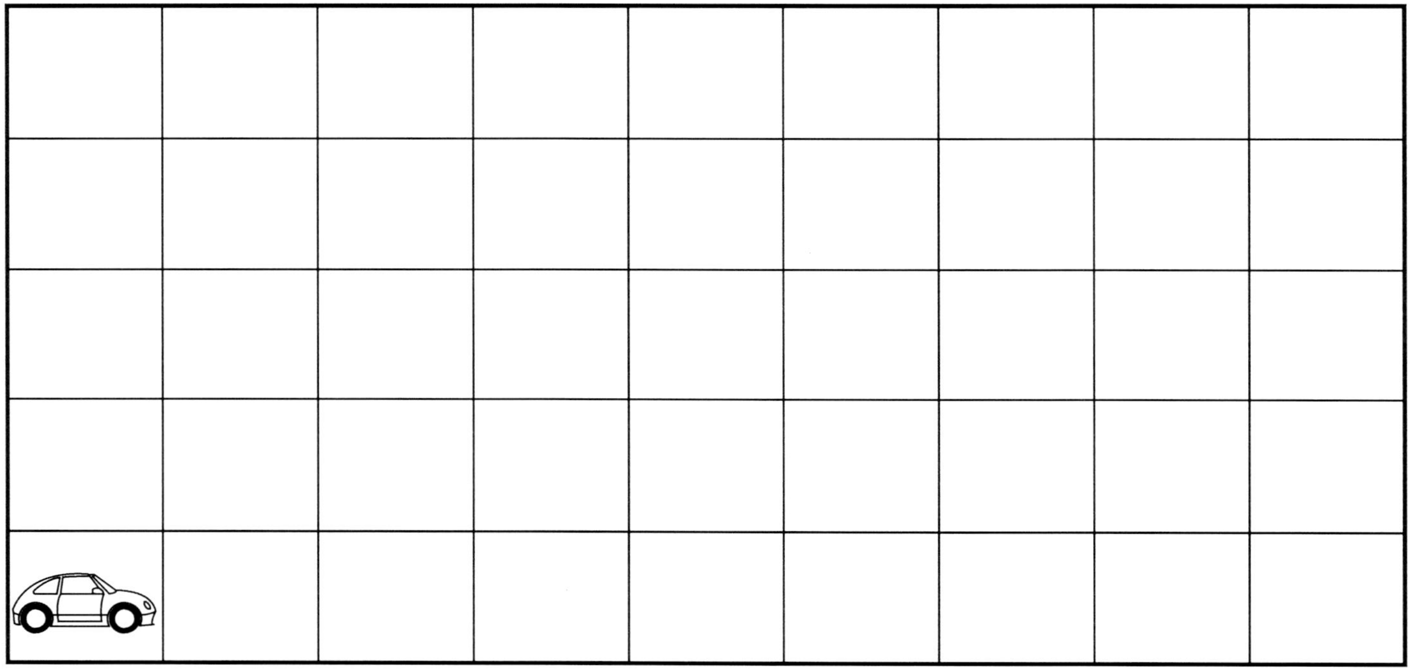

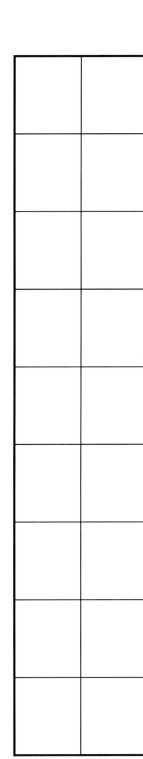

☆名進研小学校

問題３０－１

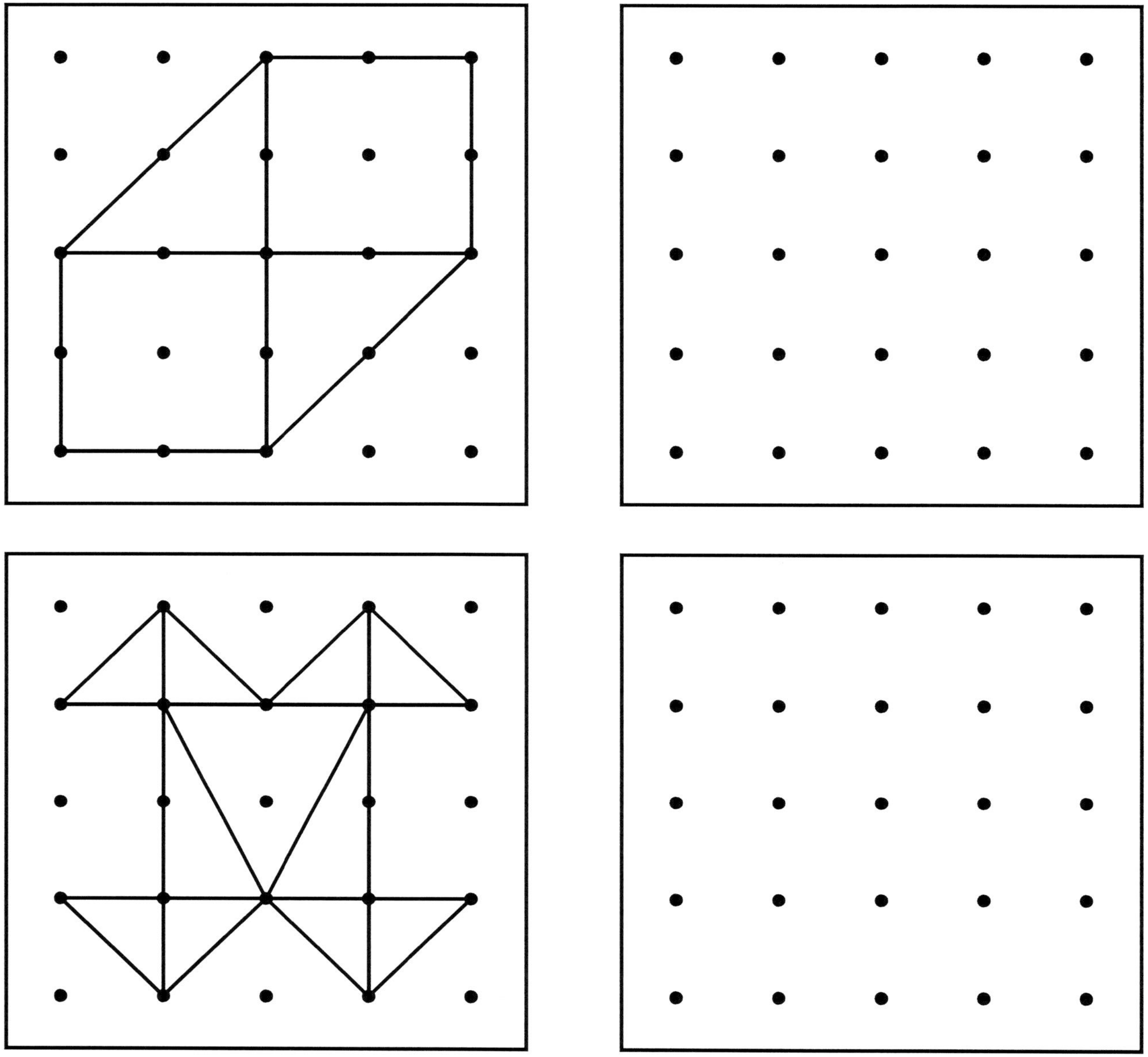

2023 年度 愛知私立 過去 無断複製／転載を禁ずる 日本学習図書株式会社

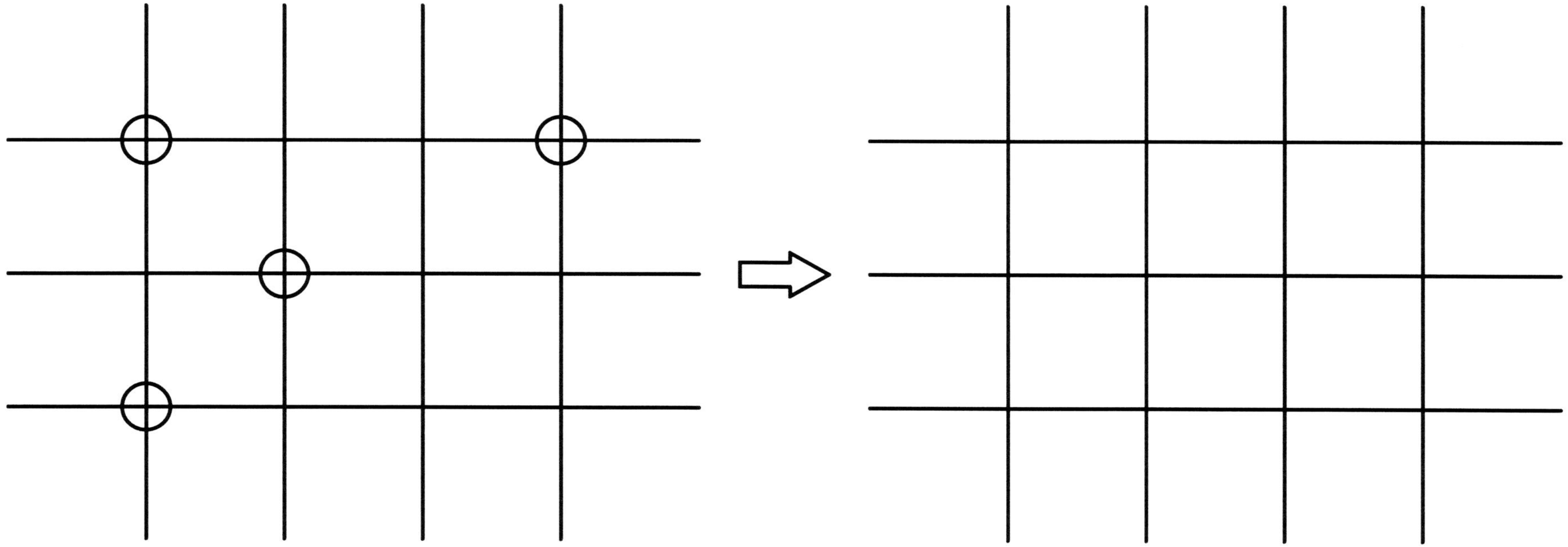

☆名進研小学校

問題３１

①

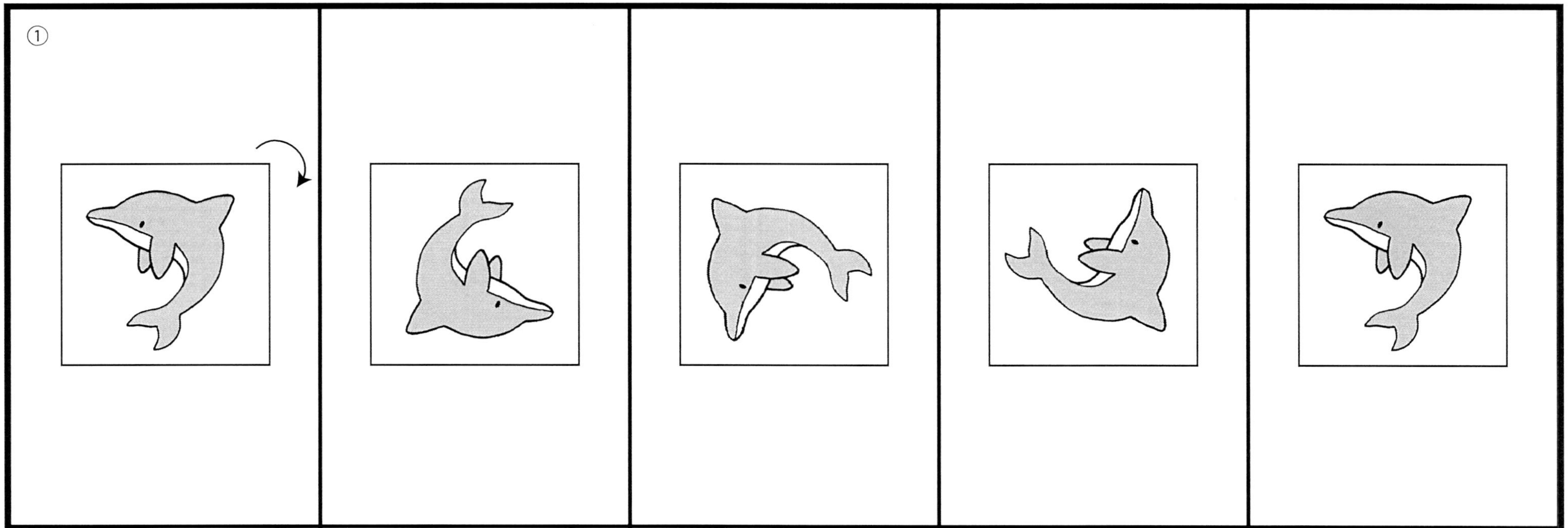

②

☆名進研小学校

問題３２

①

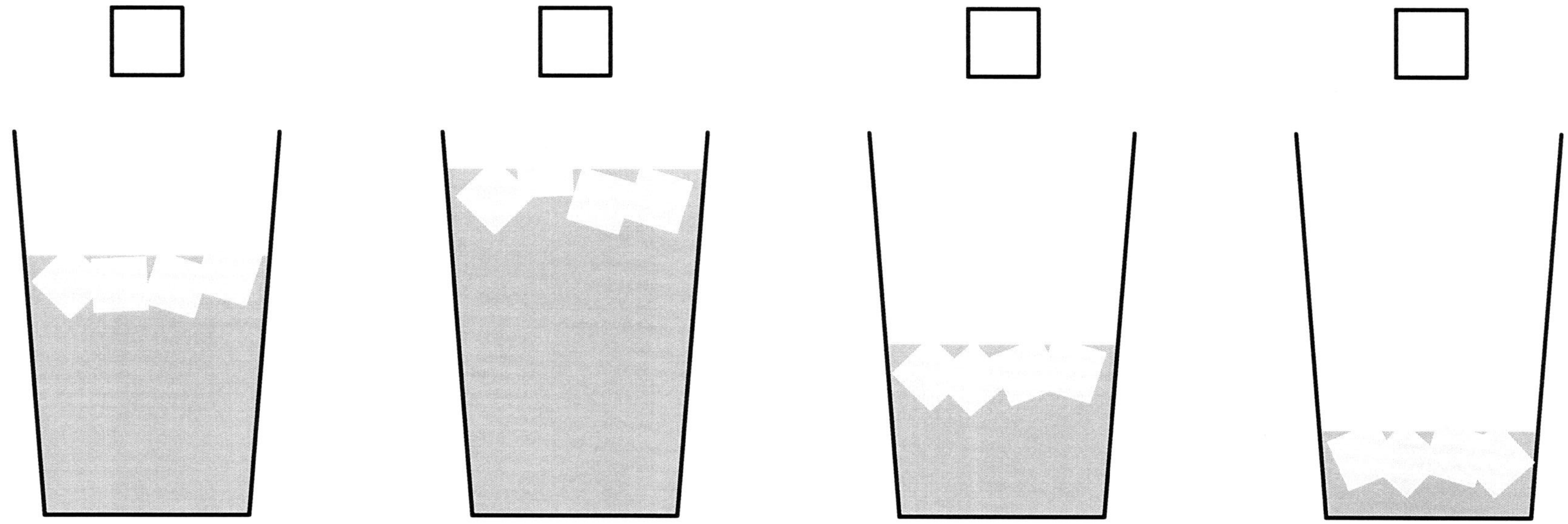

②

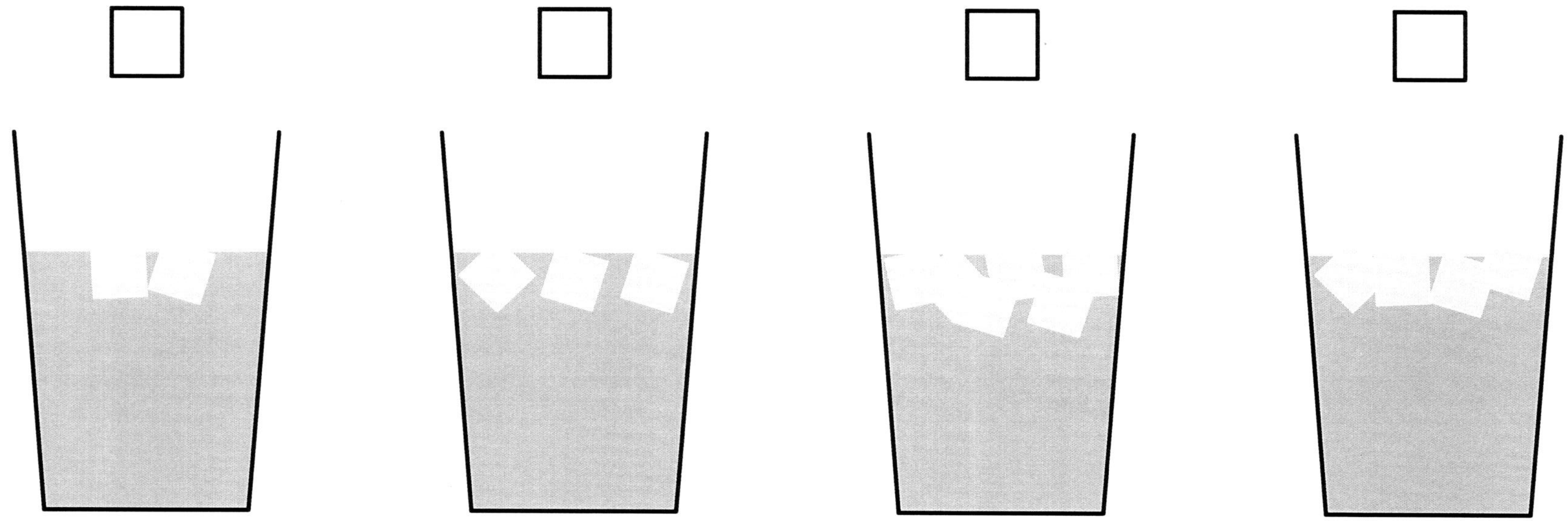

☆名進研小学校

問題３３

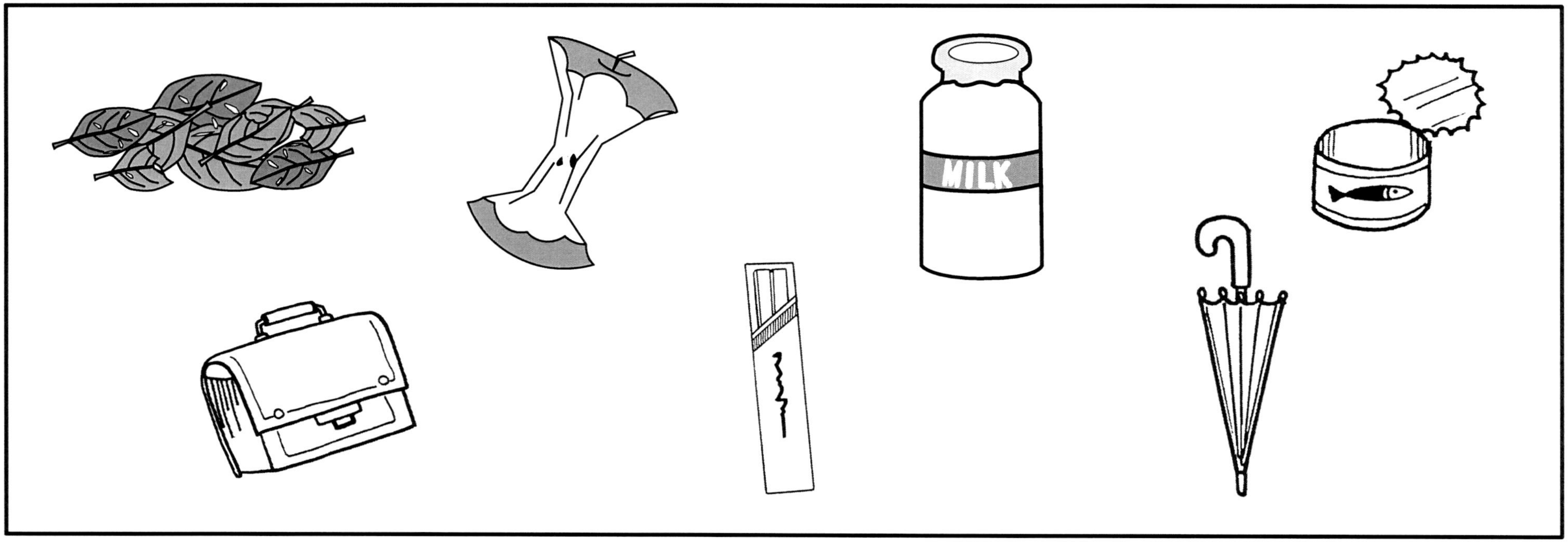

日本学習図書株式会社　2023 年度 愛知私立 過去 無断複製／転載を禁ずる

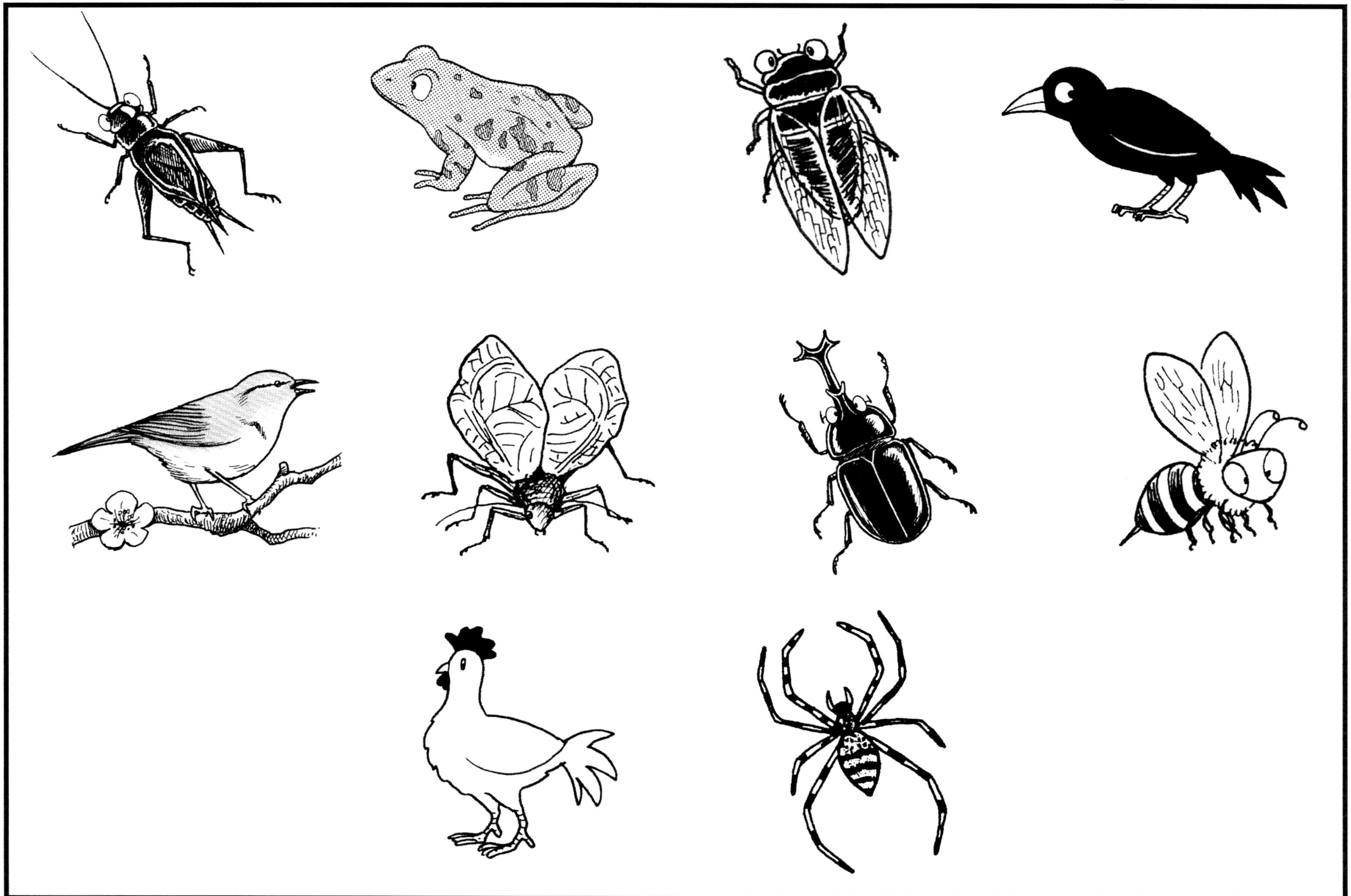

☆名進研小学校

問題３５

●　●　●　●

●　●　●　●

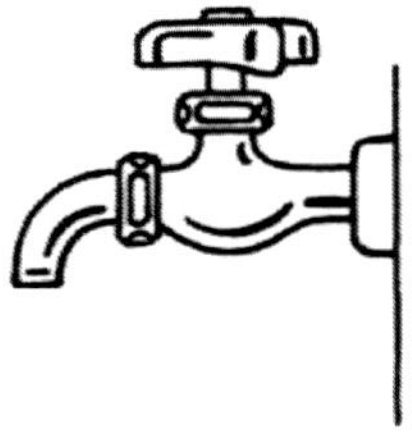

問題３６

日本学習図書株式会社

☆名進研小学校

問題３７

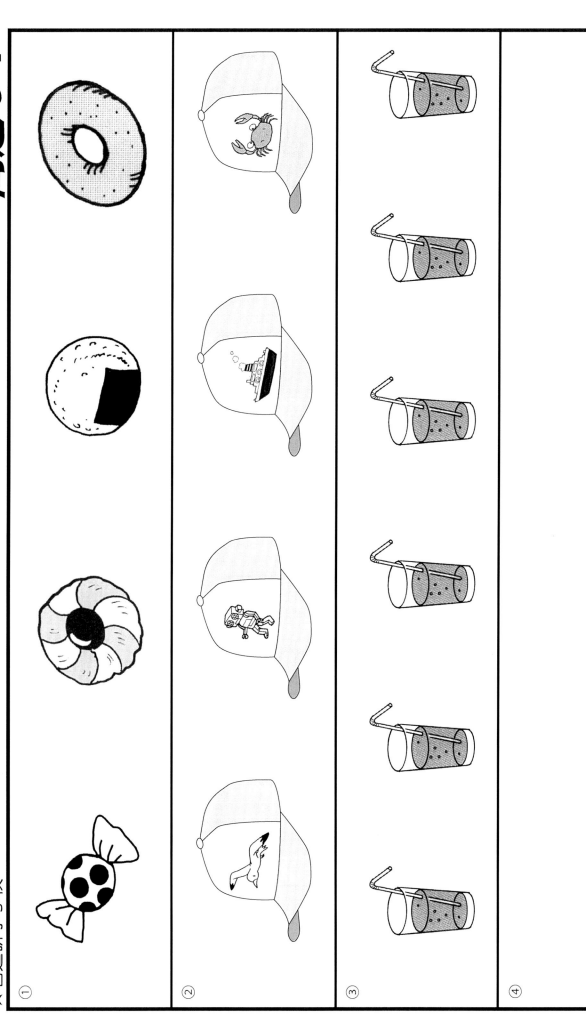

①

②

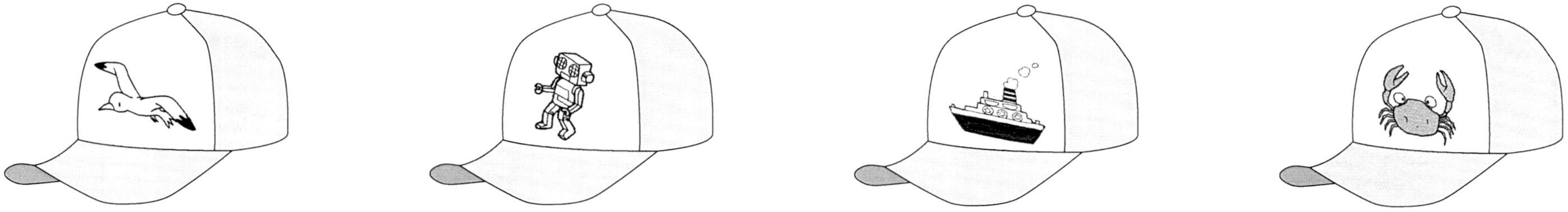

③

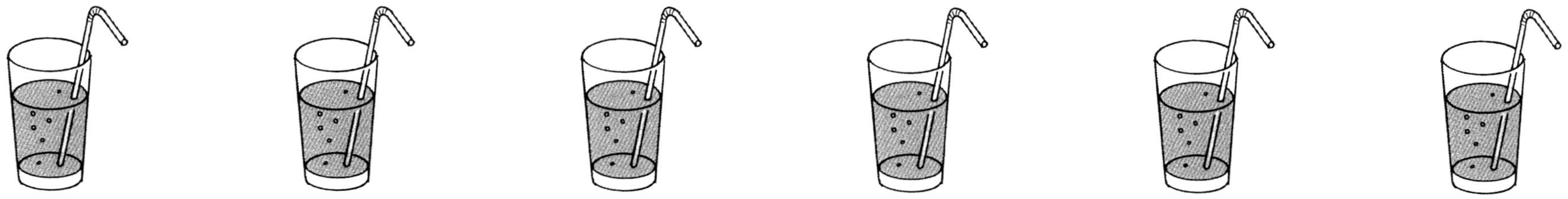

④

問題４０

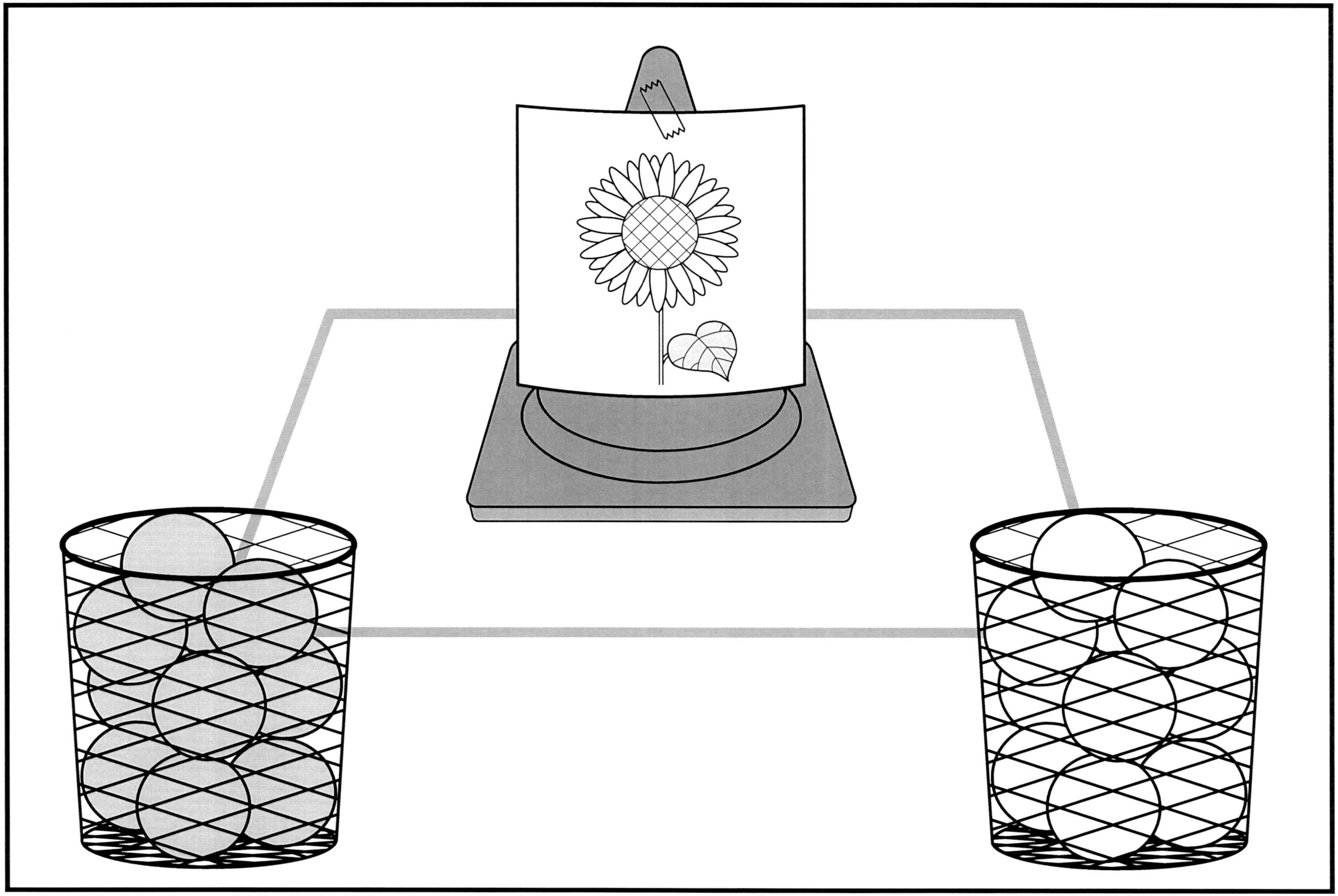

☆名進研小学校

日本学習図書株式会社

2023 年度 愛知私立 過去 無断複製／転載を禁ずる

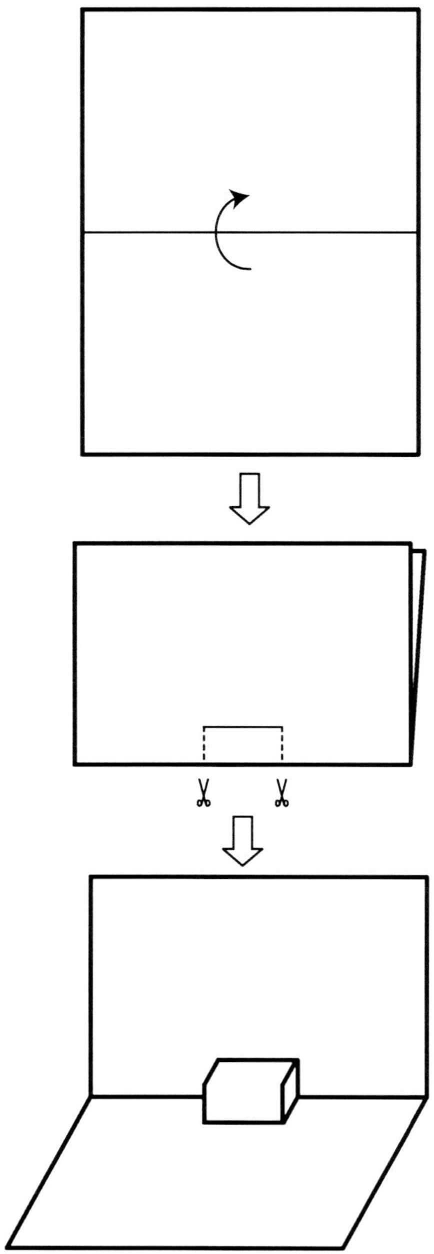

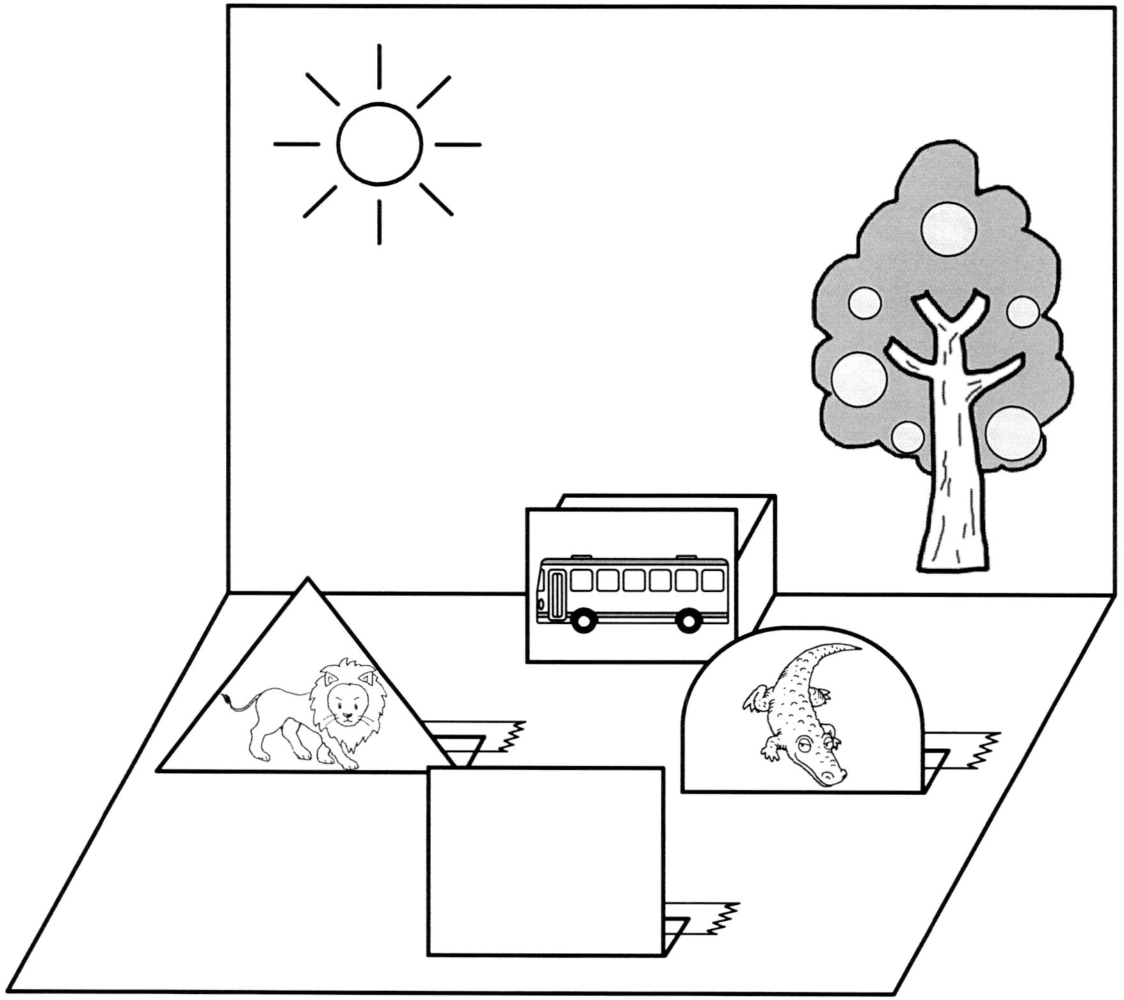

☆名進研小学校

2023 年度 愛知私立 過去 無断複製／転載を禁ずる 日本学習図書株式会社

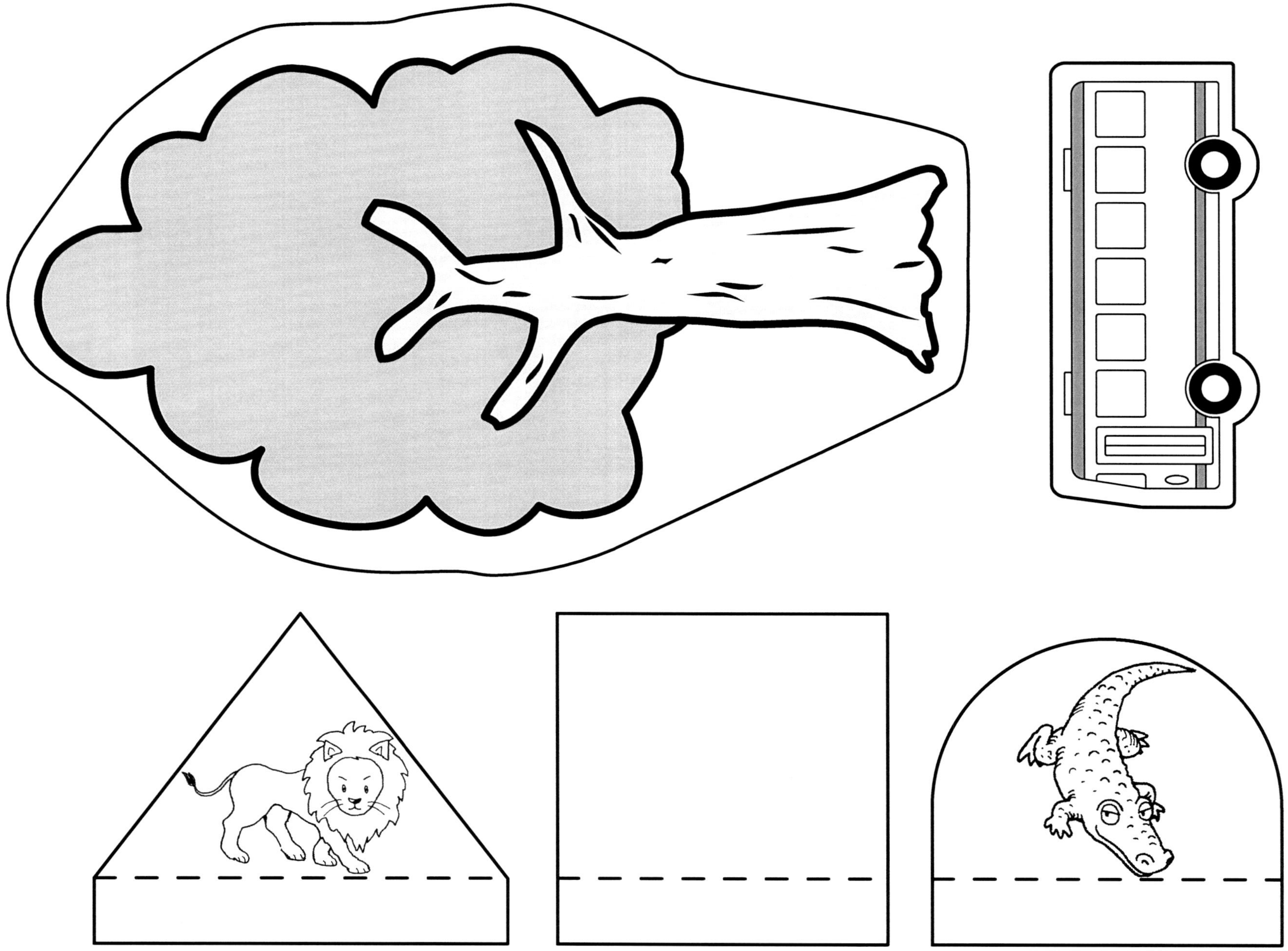

問題４３

①

②

☆名進研小学校

2023 年度　愛知私立　過去　無断複製／転載を禁ずる　　　　　日本学習図書株式会社

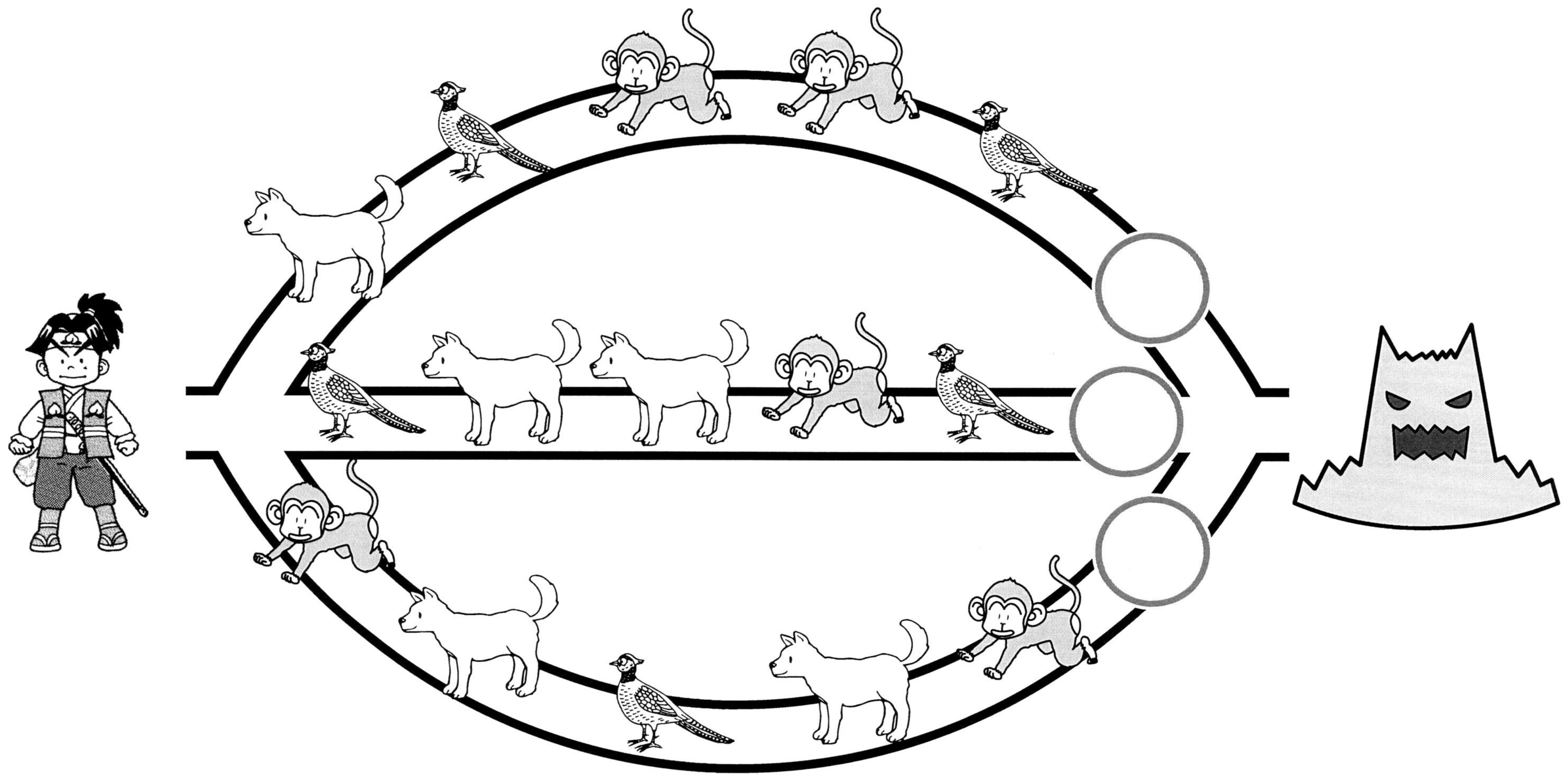

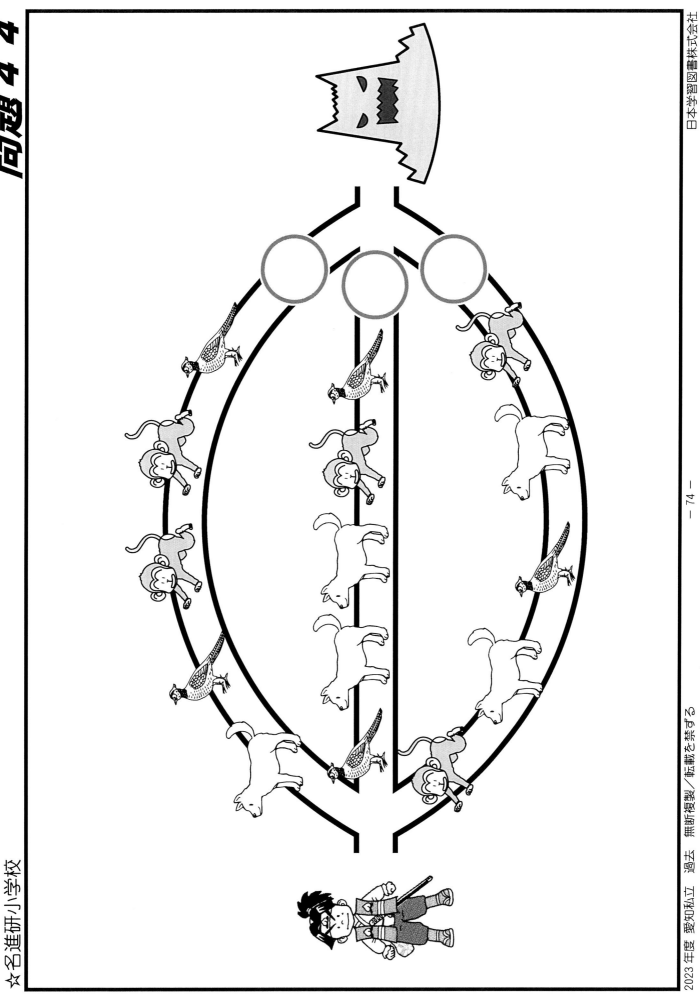

問題４５

☆名進研小学校

①

②

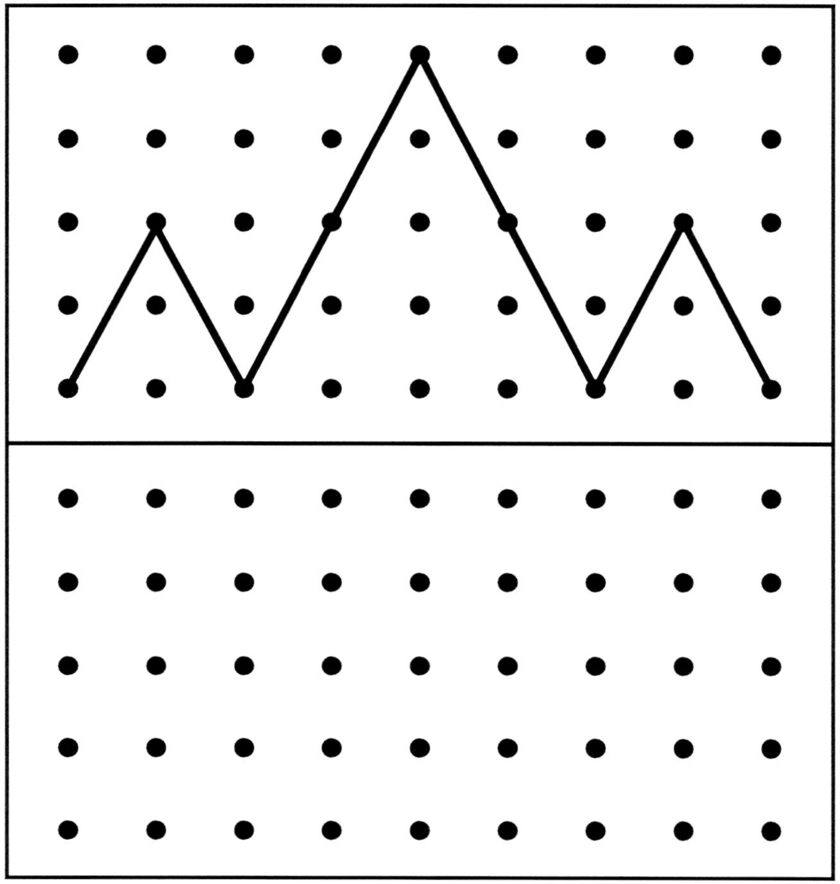

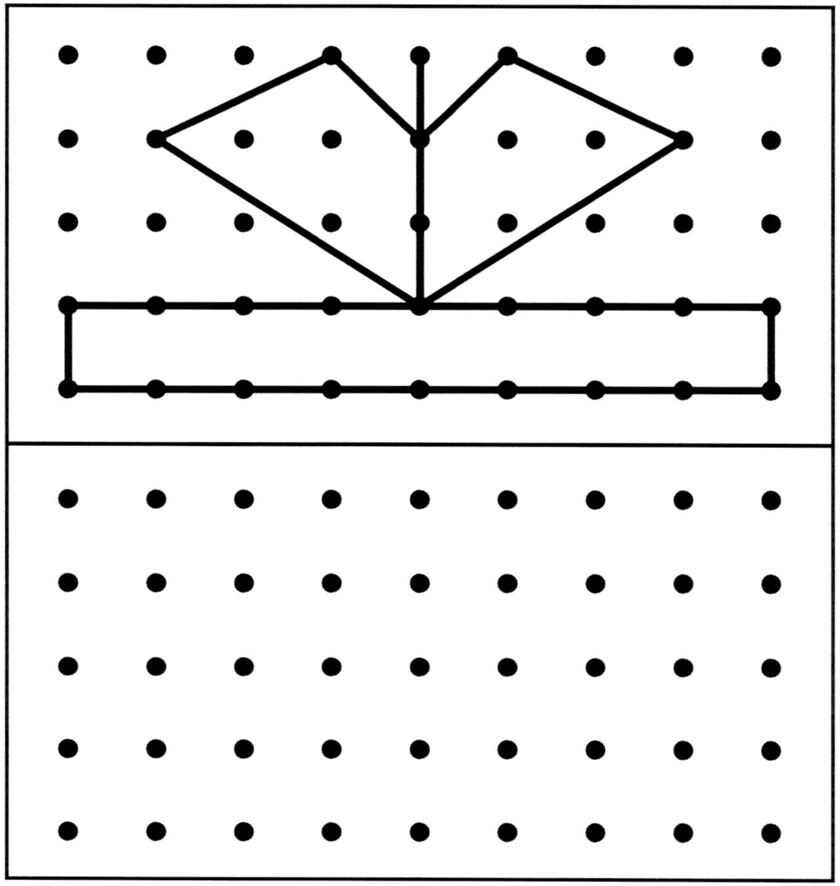

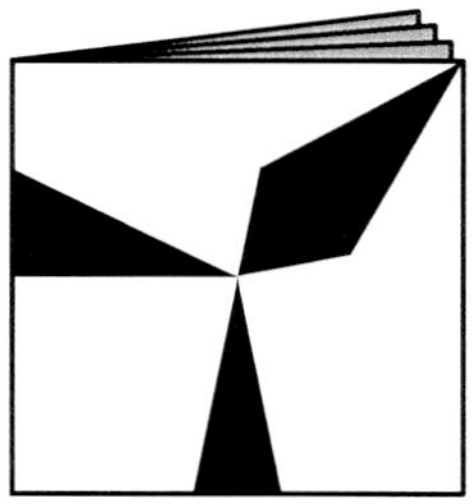

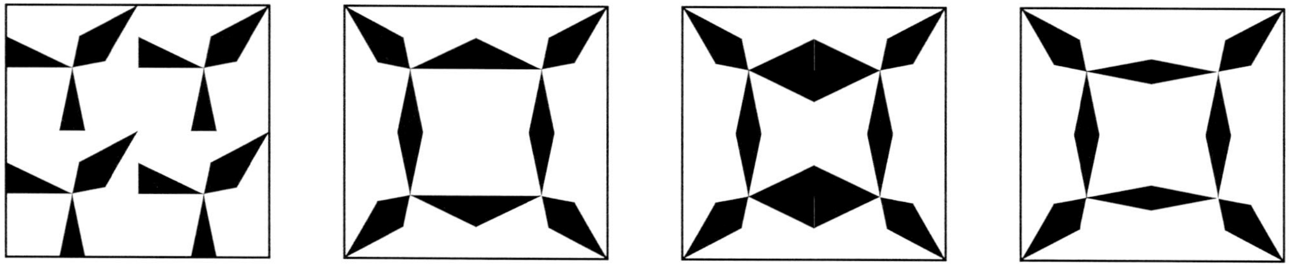

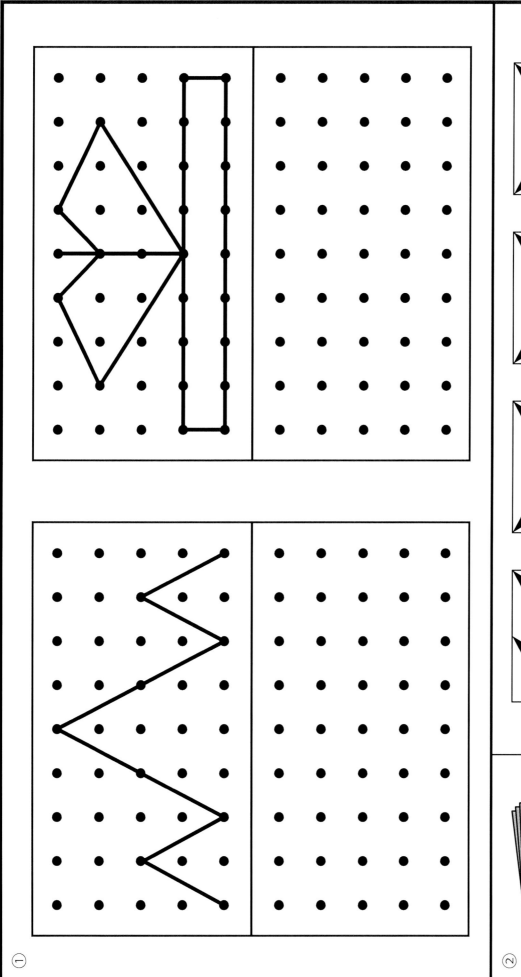

☆名進研小学校

問題４６

①

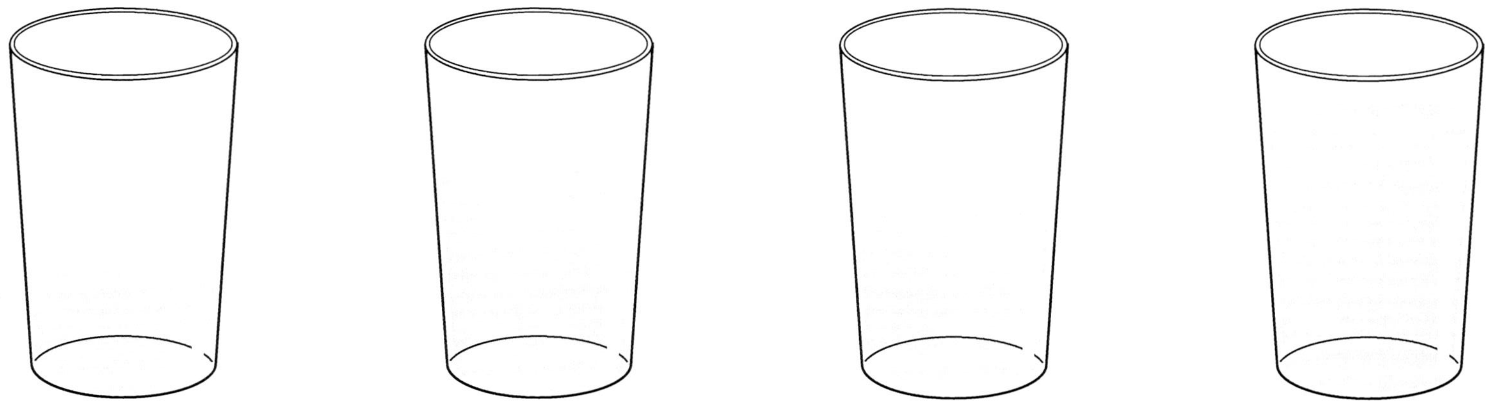

②

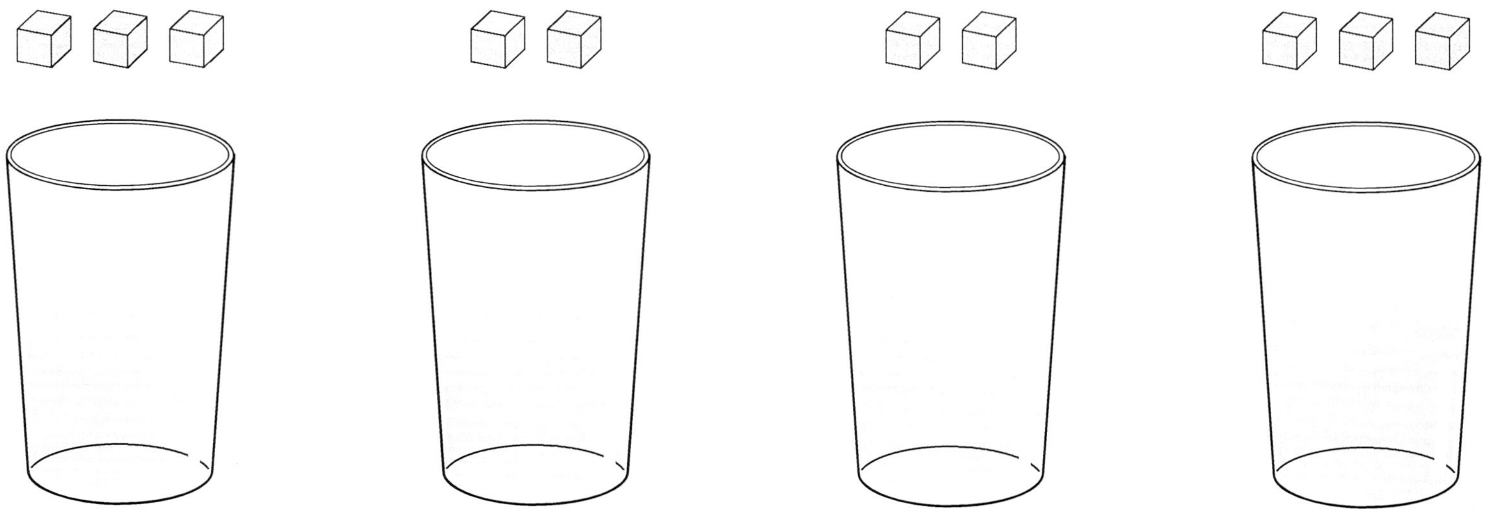

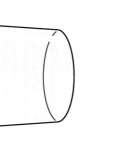

☆名進研小学校

問題４７

①

②

日本学習図書株式会社

☆名進研小学校

問題４８

①

②

③

日本学習図書株式会社

問題４９－１

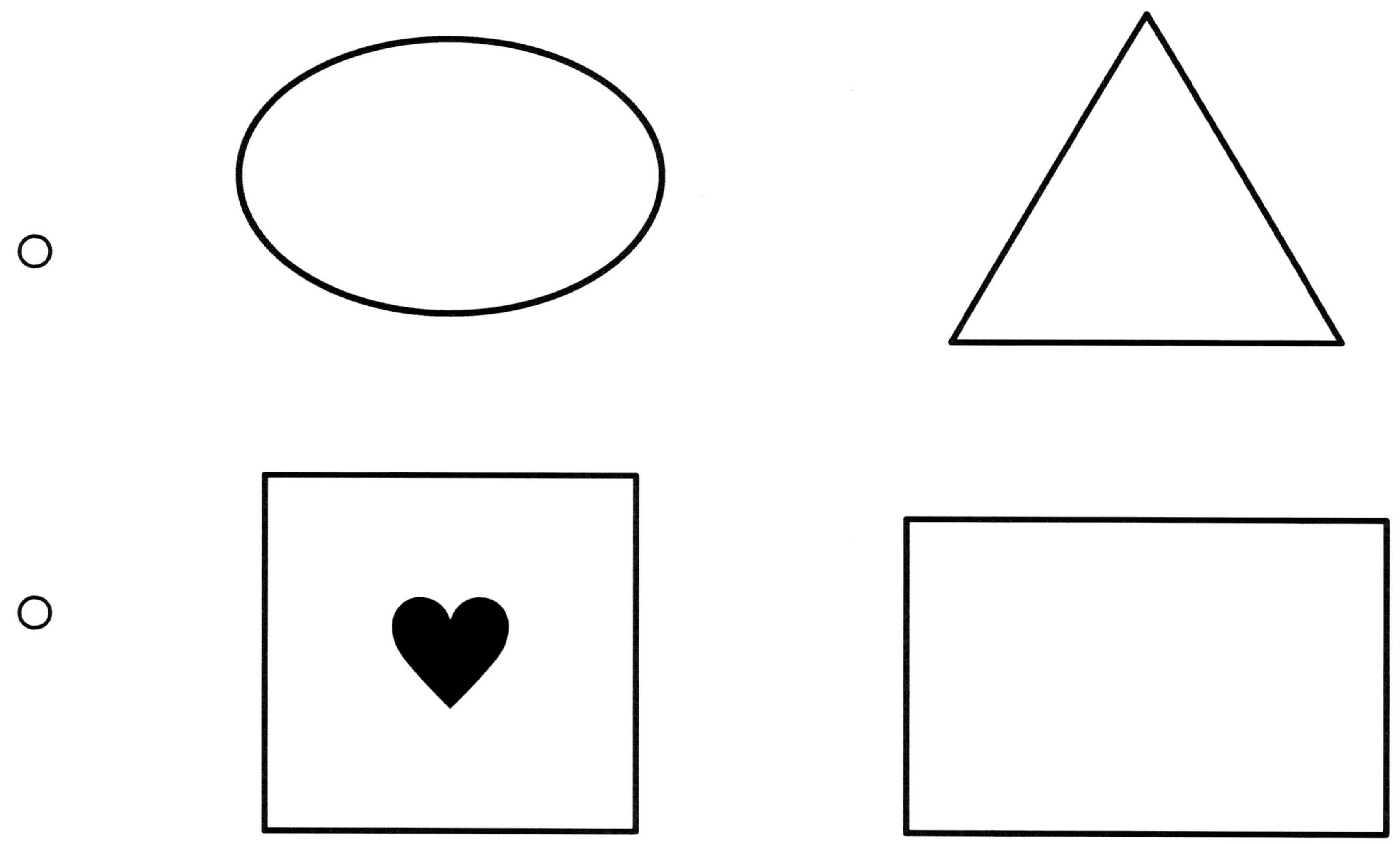

　

日本学習図書株式会社

問題４９－２

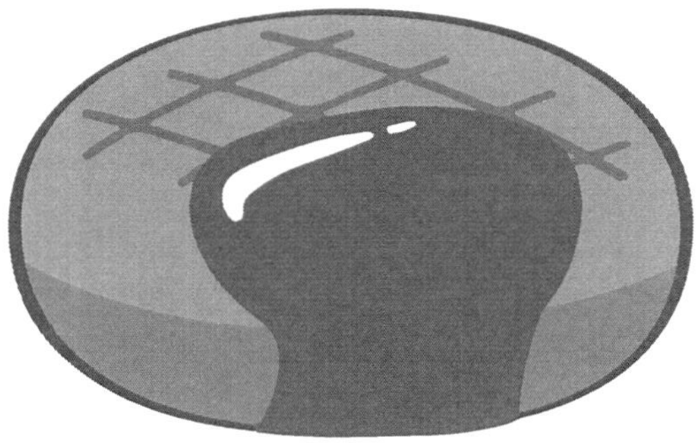

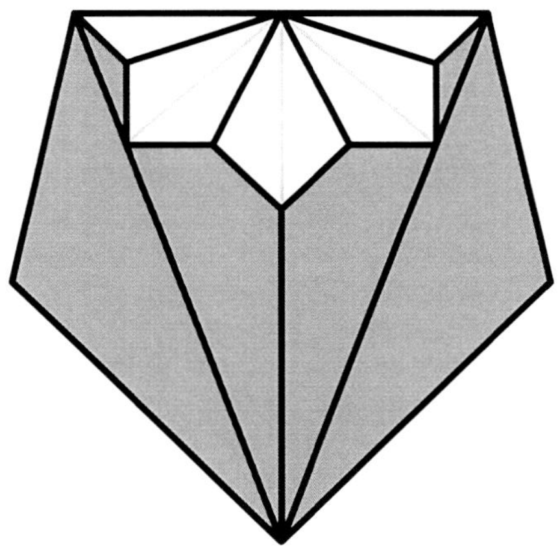

☆名進研小学校

問題４９－３

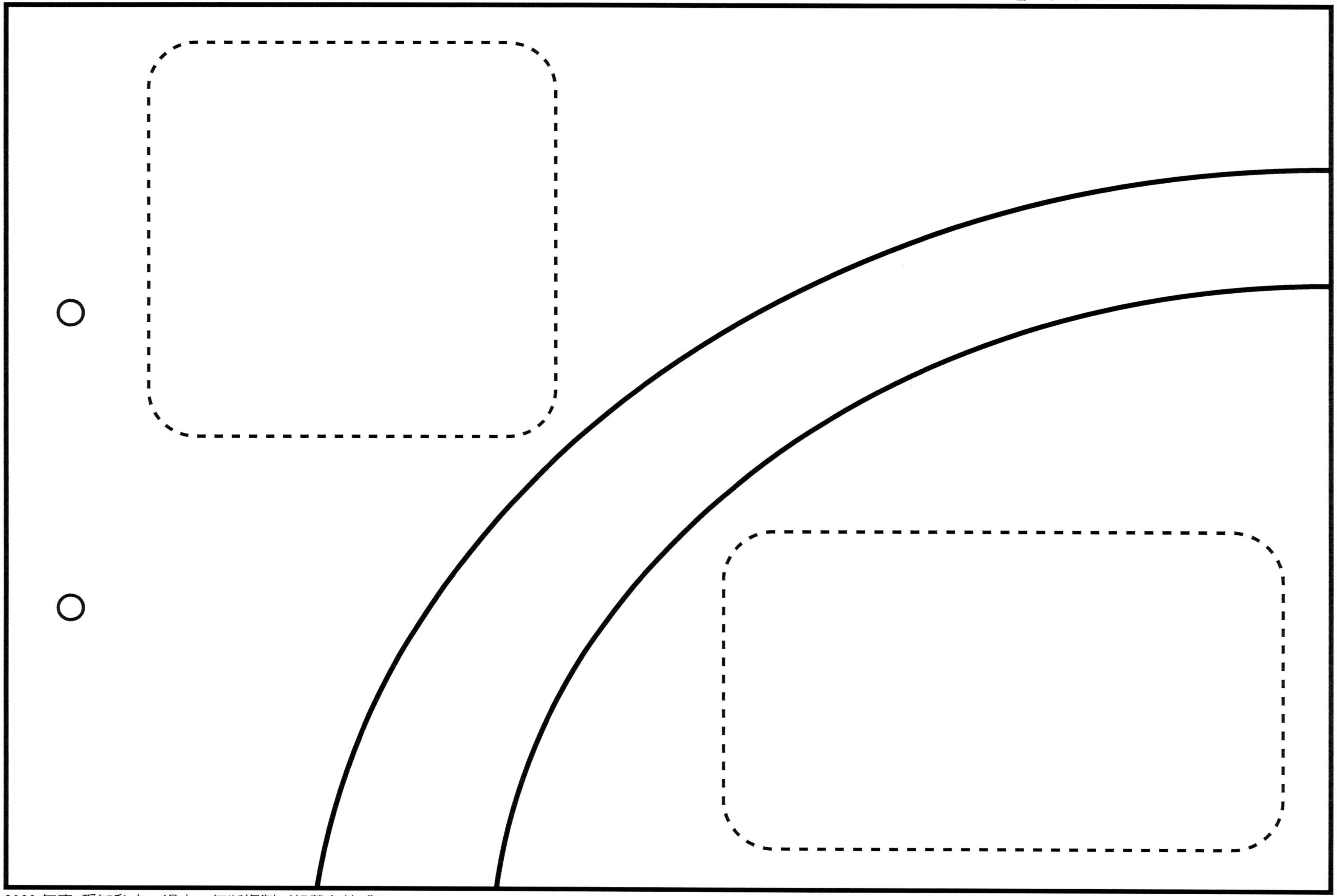

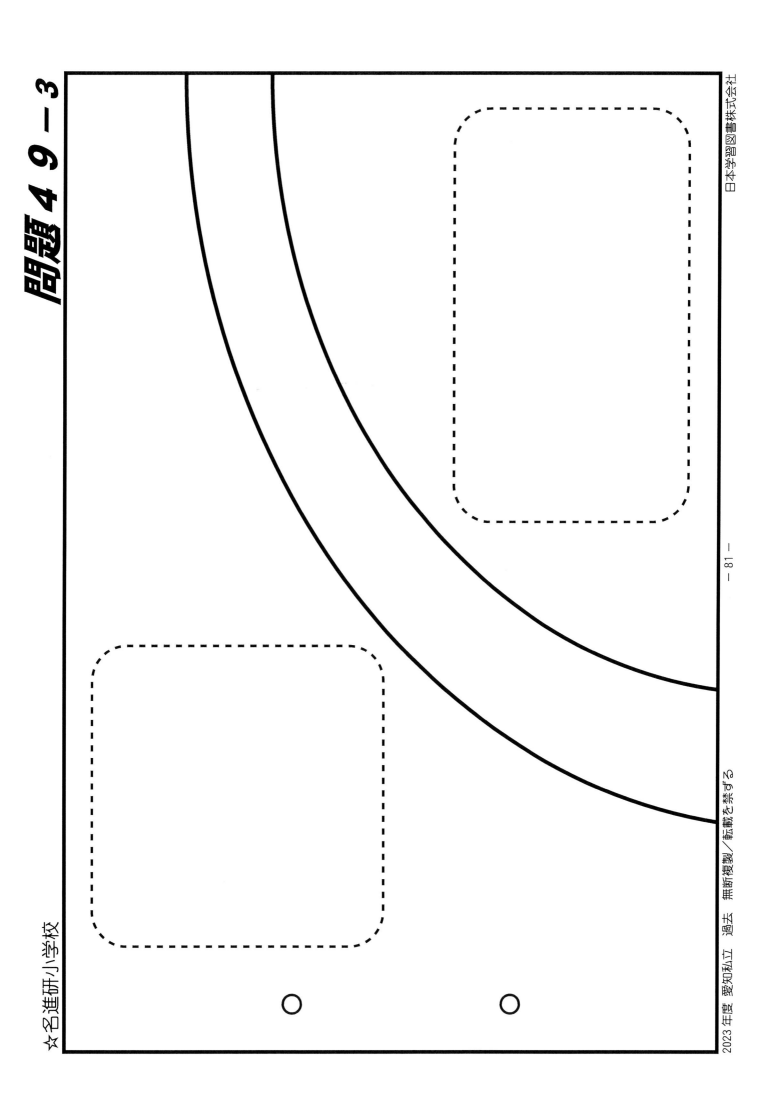

☆名進研小学校

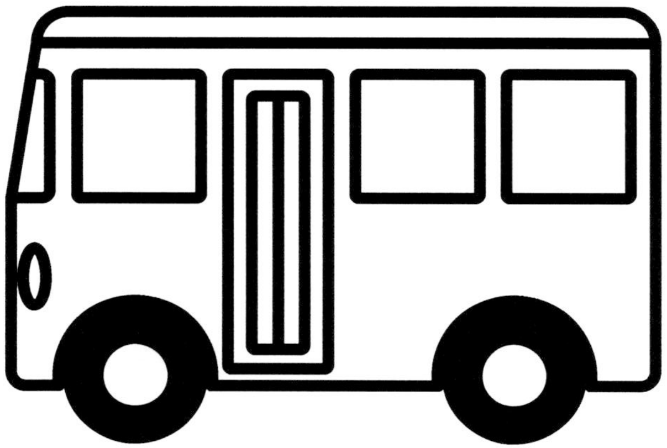

2022年度入試
解答例・学習アドバイス

解答例では、制作・巧緻性・行動観察・運動といった分野の問題の答えは省略されています。こうした問題では、各問のアドバイスを参照し、保護者の方がお子さまの答えを判断してください。

問題26　分野：数量（ひき算・同数発見）

〈解 答〉 下図参照

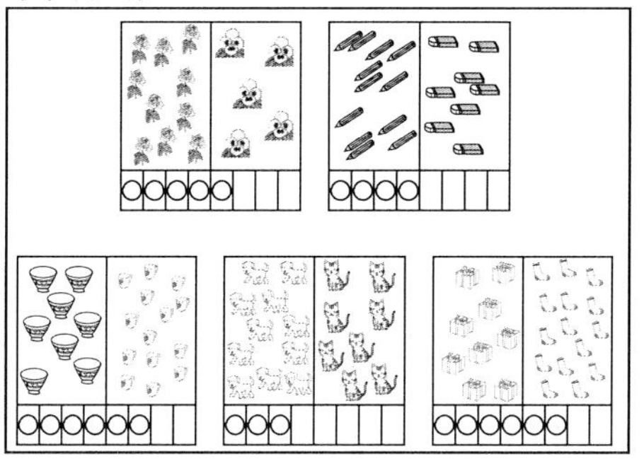

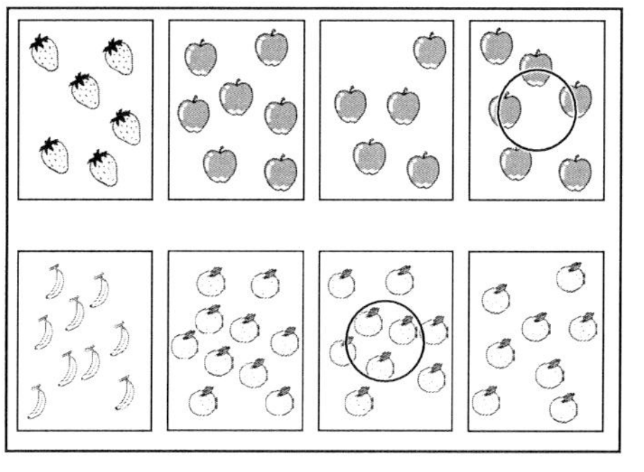

物を数え、比較することを求められた出題です。数える問題でよく起こるミスは「重複して数える」ことや「数え忘れ」を起因とする数え間違いによるところが多く見られます。こうしたミスを防ぐには、数え方（数える方向・順番）を常に一定にすることです。その上で、数えた物に小さな印をつけることで、二重のチェックが行えます。比較をする場合、様々な方法がありますが、数が多く混乱してしまう場合は、指で両方の絵を同じ数だけ隠し数を少なくして比較をする方法があります。できることなら、一見してどちらの絵が多いかの判断がつくように練習をしましょう。このようになるためには、絵をある程度のグループとして捉えるようになります。そうすることで、同じ数を両方の絵から除外して考えることができるため、答えを導き出すまでの時間の短縮に繋がります。焦らず、少しずつトレーニングしましょう。

【おすすめ問題集】

Ｊｒ・ウォッチャー14「数える」、15「比較」、36「同数発見」、
38「たし算・ひき算１」、39「たし算・ひき算２」

問題27　分野：数量（四方からの観察・積み木の数）

〈解 答〉　下図参照

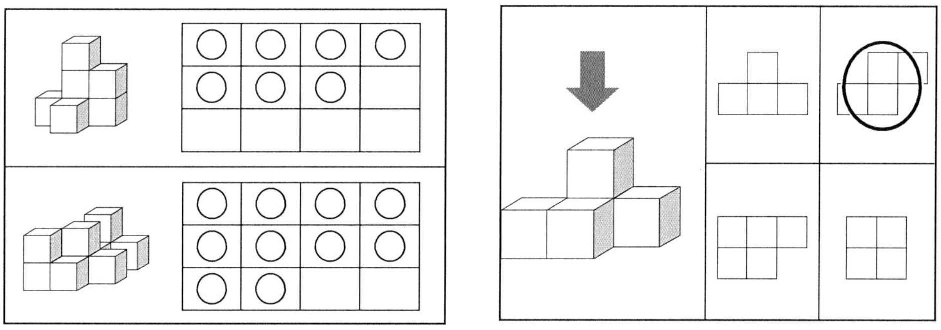

積み木関連の出題は例年見られるため、しっかりと対策をしておくことが重要です。積み木は、まず高さ（何階建てなのか、と考えます）と奥行の理解が必要ですので、そこの理解が難しいお子さまには、実際に積み木を使って、問題の通りの形が作れるようにすることから始めましょう。四方から観察する際も、同じ方向から見る場合、反対側から見る場合、左右から見る場合の見え方を学んでいく必要があります。また、左右弁別もきちんと理解している必要もあります。これら全ての理解が伴い、頭の中で、矢印の方向からは、どのように見えるのかが、分かってきます。ひとつひとつの理解をしっかり固め、段階を追って進めていきましょう。

【おすすめ問題集】
　Ｊｒ・ウォッチャー16「積み木」、53「四方からの観察 積み木編」

問題28　分野：推理（系列）

〈解 答〉　①イチゴ　②△（白い三角形）　③左から△、○、□

この系列の問題で、やや難しかったのは、2番目の問題でしょうか。基本的な系列問題は、取り掛かり始めのお子さまであれば、両手の人差し指を使って、同じ並びのところをひとつずつ順に指を動かしていって空欄に何が入るかを見つけるようにします。慣れてきたら、指を使わずに、目だけで並びの法則を見つけ、解答できるようになるでしょう。しかし、2番目の問題は、単純ではなく、●△■の並びは変わらないのですが、ひとつずつ増えていく、ということに気付かないと、解けません。系列問題も様々なものがあるので、沢山の問題に慣れておくことをおすすめします。

【おすすめ問題集】
　Ｊｒ・ウォッチャー６「系列」

問題29　分野：座標の移動

〈解 答〉　下図参照

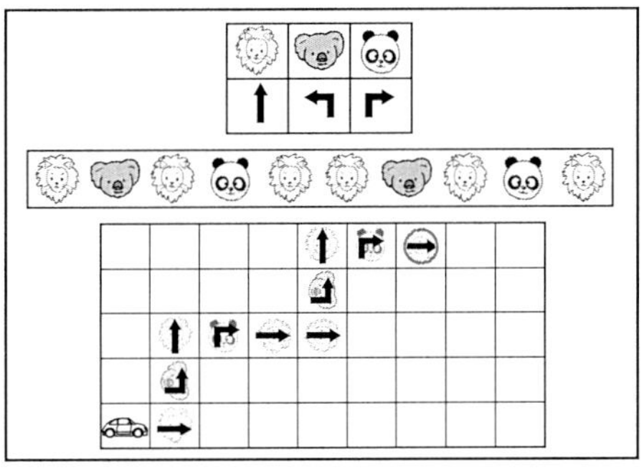

このような移動を伴う問題の誤答となる原因は、「指示を正しく理解していない」ことと、もう一つは「左右が混乱してしまう場合」の２つが挙げられます。特に、後者の場合、人などの移動と記号などの移動とでは、移動の方向などが少し異なります。この違いをしっかりと理解させてください。人の場合、進行方向に対して左右が変わりますが、記号などの移動の場合は、常に移動方向が一定です。今回の問題の場合、車の移動ですから、進行方向が常に前を向く状態になりますから、先頭の向きによって左右の移動方向が変わります。このようなことを言葉でお子さまに指導しても理解は難しいでしょう。お子さまに指導をする場合、お子さま自身を実際に移動させ、保護者の方がいる位置から見た左右と、お子さま自身が移動した左右の方向の違いを比較すると良いでしょう。自分が実際に移動することで、このような問題の時は、自分に置き換えて移動させることが可能になります。

【おすすめ問題集】
　Ｊｒ・ウォッチャー47「座標の移動」

問題30　分野：図形（点図形・模写）

〈解 答〉　省略

基本的な点図形問題ですが、難しいお子さまは、4点（2×2）・9点（3×3）の点図形から始めてください。一見遠回りのようですが、この辺りをしっかりとできるようになると、お子さま自身の自信とやる気、そして点の捉え方がしっかりしていきます。また、座標の認識に関しても、慣れるまでは簡単な問題から着実に練習を重ねることが正解への道筋です。時間の許す限り、自分の解答を見直し、何度も間違っていないかを確認しましょう。この年代のお子さまには、「できた。」の自信が優先してしまい、見直しを怠ってしまいがちです。見直しの習慣は、やはり大人が教えていかないと難しいでしょう。また、見本と同じ位置に○をつけるだけなのですが、○の書き方は、きちんとできていますか。○は、下から書き始め、下でしっかりと留め合わせます。上から書き始めるのは、ゼロ（0）です。この違いをきちんと学び、きれいな○を書いてください。

【おすすめ問題集】
　Ｊｒ・ウォッチャー1「点・線図形」、51「運筆①」、52「運筆②」

問題31　分野：図形（回転図形）

〈解答〉　①右から２番目　②左から2番目

回転図形問題ですが、基本的な問題です。今回は矢印が右に1回転した場合だけのものを探すので、さほど難しいものではないかと思います。取り掛かるには、具体物ももちろん大切ですが、４辺を色別に塗って、回転の回数に合わせ、どの辺が底辺になっていくのか、わかるようにします。その辺の移動に伴い、マスの中の絵や記号は、それぞれの辺と結びついているので、辺が移動しても絵はその辺に付随したままです。また、矢印の方向や矢印の数で、左右どちらに回転か、1回転か、2回転かを理解する必要があります。慣れてきたら、四角形の回転だけではなく、三角形、五角形、六角形などの回転問題も取り組んでいきましょう。

【おすすめ問題集】
　Ｊｒ・ウォッチャー46「回転図形」

問題32　分野：常識（理科的常識）

〈解答〉　①左から２番目　②右から２番目

①は、わかりやすかったと思います。問題は、②の方です。水かさの変化を考える時は、お子さまにとってわかりやすいお風呂を考えます。お湯が湯舟いっぱいに入っていたとき、1人で入るのと５人で入るのでは、溢れるお湯の量はどう違うか考えます。1人で入った時より、５人で入った時の方が、沢山お湯が溢れてしまうということは、ほぼ全員が正しく答えるでしょう。その後、お風呂から上がったとき、残ったお湯の量はどうなるか。このあたりから難しくなるお子さまもいるかもしれません。溢れ出たお湯の量を考えると、人数の多い湯舟の方が、残りのお湯が少なくなることが理解できましたでしょうか。このように身近なことに置き換え、問題に対応できるようにしていきましょう。

【おすすめ問題集】
　Ｊｒ・ウォッチャー27「理科」、55「理科②」

問題33　分野：常識（生活習慣）

〈解答〉　下図参照

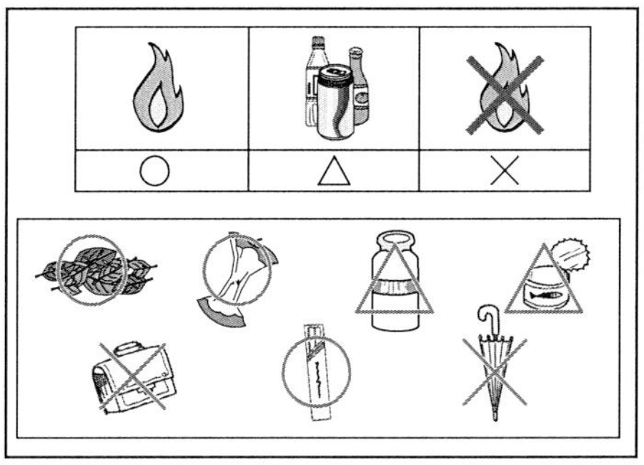

常識問題ですが、このような内容は、知識として教えてもなかなか覚えられません。お手伝いなどの生活体験を通して習得することをおすすめいたします。この問題で取り上げられているゴミの分別ですが、清掃工場の火力などにより、昔とは違った分別が行われている地域もありますが、入試で問われる可燃物と不燃物の分別は、昔の基準に沿った内容となっています。ですから、プラスチック等は燃えないものとなります。近年、こうした身近なことに関する常識問題は頻出分野となっており、かつ、点数的にも差がつく分野の一つとなっています。その原因として、生活が便利になったことにより、生活の中に配慮することが減少していることが一因とも言われています。ですから、ゴミについても、自宅内での分別をしてみてはいかがでしょうか。取り組むことにより、今まで見えなかったことや気がつかなかったことが見えてくるようになります。

【おすすめ問題集】

Ｊｒ・ウォッチャー30「生活習慣」、56「マナーとルール」

問題34　分野：常識（言語）

〈解答〉　下図参照

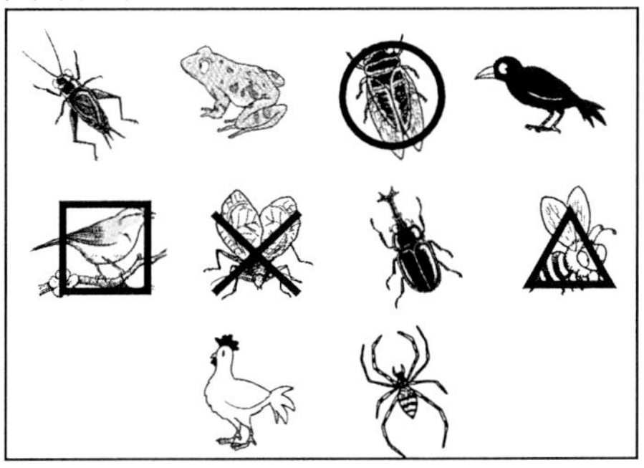

夏になるとセミが鳴くのは当たり前のように思っていますが、セミも種類によって鳴き方が違いますし、鳴く時期や時間も違います。セミ一つとってもこうした違いがあることをお子さまは実感できているでしょうか。今、街中では自然が失われ、出題されているような生き物と触れ合うことも少なくなっているからこそ、改めて関わりを持つように意識をしてみてはいかがでしょう。この問題も前問同様に、知識として教えることは困難な内容の一つです。この問題の対策として実物を体験していただきたいと思いますが、広義に捉えると、子どもの知的好奇心、探究心のきっかけはこうした生き物や、木々などの自然との触れ合いがきっかけとなるお子さまが多数います。体験をするときは、結果を求めるのではなく、そのことからの発見、興味、関心、探求心などを得る機会と捉えましょう。その体験を帰宅後の生活にどのように役立てていくのかが学習になります。

【おすすめ問題集】

Ｊｒ・ウォッチャー17「言葉の音遊び」、18「いろいろな言葉」

問題35　分野：常識（生活習慣）

〈解答〉　下図参照

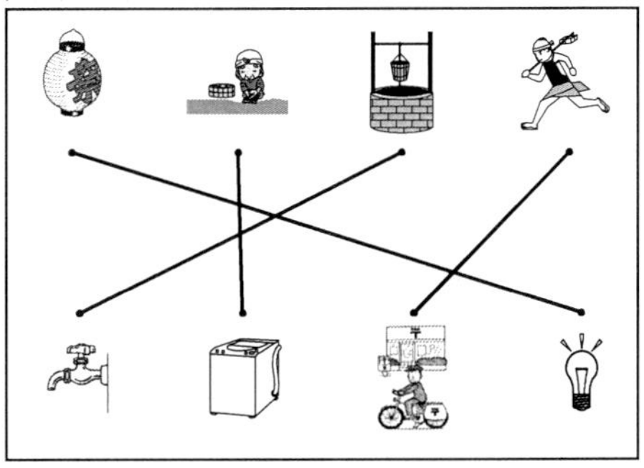

昔の道具が、現代になってどう変わっていったかという問題では、まずは、昔の道具を見て、それが何であるのかがわからないといけません。ぜひ、昔の道具が展示されている博物館に足を延ばし、実際にどんなものがあったのか、どういった使い方をしたのか、実物を見ることをおすすめします。電気製品は、特に画期的な進歩を遂げてきたので、現代とは、全く姿形が違ってしまっているものも沢山あります。また、進化した結果、どのように生活が変わったと思うか、などのお子さまなりの考え方を聞いてみるのもよいでしょう。

【おすすめ問題集】

Ｊｒ・ウォッチャー12「日常生活」・30「生活習慣」

問題36　分野：記憶・常識

〈解答〉　下図参照

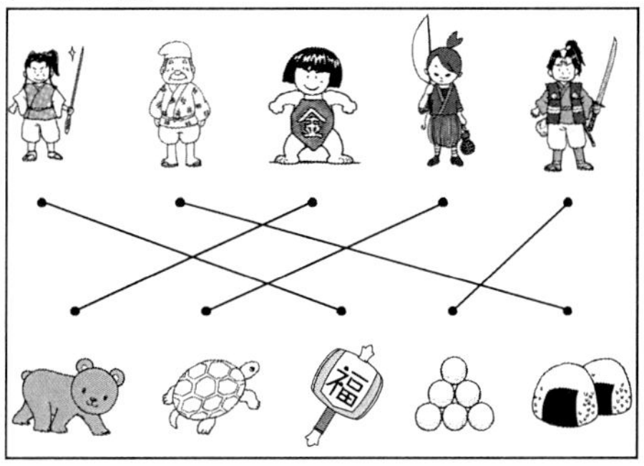

日本昔話だけではなく、アンデルセン童話・イソップ童話・グリム童話、もちろん、日本の民話など、色々なお話を読み聞かせしましょう。中には、少々怖いお話もありますが、お話には、戒めの意味合いが含まれているものが多数存在します。読み聞かせの後は、『どんな内容であったか』、『もしあなたがこの主人公であったら、どうしたか』などの質問をしてみることも良いでしょう。今回の問題は、基本的な日本昔話を題材にしたものです。選択肢以外に関係した生き物やものを口頭質問することもおすすめします。

【おすすめ問題集】

1話5分の読み聞かせお話集①②、Ｊｒ・ウォッチャー19「お話の記憶」

問題37　分野：記憶（お話の記憶）

〈解答〉　①クッキー　②船の帽子　③ジュース3杯に○　④○：6個

お話の記憶は、情景を頭の中で描きながら、数の操作、色や服装、移動の工程、感情の変化など、記憶に留めていく必要があります。さほど、長い文章ではないので、この分量を基本に、しっかりと聴きとり、記憶をする練習をされるとよいでしょう。お話の記憶の問題は、解答用紙を伏せてお話を聞きます。お話の後の解答に対応するためにも、しっかりと聴いて記憶しておく必要があります。シン君の大好きなものは、クッキーですが、おばあちゃんからお礼にもらったおせんべいと混同してしまっていませんでしたか。飲んだジュースの数や、おせんべいのやり取りなど、数の把握はできましたか。ひとつひとつ、しっかりと聴き取らないといけないので、集中して取り組みましょう。

【おすすめ問題集】

1話5分の読み聞かせお話集①②

Ｊｒ・ウォッチャー19「お話の記憶」、20「見る記憶・聴く記憶」

問題38　分野：運動（個別観察）

〈解答〉　省略

家の中で過ごすことの多いお子さまにとっては、難題となると思います。いろいろな発想、お友だちとの関わりなどの情操教育をするためにも、できるだけ屋外で身体を動かして遊ぶ機会を増やすと良いでしょう。上手に出来なくても、意欲や頑張る姿などを評価しているので、諦めずに挑戦するように指導しましょう。

【ラジオ体操】
ラジオ体操では、姿勢を正し、ダラダラとせず、1つ1つの動きをしっかりとしましょう。

【ボールバランス】
バランスボールで遊んだことのないお子さまには、少し難しい問題となっています。どんな体勢で乗ったとしても、体幹がしっかりとしていなければ、不安定になります。ランドセルを背負っての通学に必要な体力や体幹が、十分に育っているかを学校側が観ていると考えられます。

【ボール・フープ】
ボールに手が当たることや真上に投げることを怖がったり、フープの回し方がわからなかったりするお子さまが増えています。特にフープの問題では、手首の回転や、身体の上手な動かし方など、コツが必要です。

【跳躍運動・動物歩き】
いずれも持久力・忍耐力を問われています。日頃から、長い距離を歩いたり、エスカレーターではなく階段を使ったり、ご家族で体力作りを進めるとよいでしょう。「クマ歩き」は四つん這いでいかに速く進めるか、という点を観ているので、日頃の遊びの中で体力や機敏さなどを磨いていくようにするとよいです。

【おすすめ問題集】
新運動テスト問題集、Ｊｒ・ウォッチャー28「運動」

問題39　分野：言語（口頭試問）

〈解 答〉　省略

口頭試問の問題ですが、内容は多岐にわたっています。面接テスト同様に、大きな声で、はっきりと伝えることが基本となります。「お水をこぼしてしまったら、お父さま・お母さまになんと言われますか」という問いに対して、お子さまは何と答えたでしょうか。このような躾けに関する内容は、お子さまを通して保護者の方の躾け感などが観られています。ただ、お子さまのことですから、必ずしも保護者の方の思うようには答えてはくれません。強いインパクトがあったことなどは、そのときのことが思い出されて回答してしまうことはよくあることです。そのような点を踏まえ、感情でお子さまに向き合うことは控えましょう。「怒る」と「叱る」は意味が違います。お子さまの躾は「叱る」でなければなりません。似た質問では「どのようなときに怒られるか」という質問があります。この回答は躾に基づく回答を求めているものですが、多くのお子さまは「勉強をしているときです」と回答します。この例を踏まえ保護者の方の対応を考えてください。

【おすすめ問題集】

新口頭試問・個別テスト問題集、Ｊｒ・ウォッチャー30「生活習慣」
口頭試問最強マニュアル　ペーパーレス編
口頭試問最強マニュアル　生活体験編

問題40　分野：運動（集団行動）

〈解 答〉　省略

集団での行動観察ですが、グループで決められた色のお約束や、ボールを、投げても転がしてもよく、またその動作の位置も説明されています。この問題は、中央のヒマワリの絵の近くにあるボールの数が得点になります。ですから、ボールを投げるより、転がした方がヒマワリに近づけることができることに気がついたでしょうか。カゴの中のボールや的を一目見ただけで、ボールは投げる、的に当てる、と早合点してしまいがちですが、説明をしっかり聞くと、投げる方がよいのか、転がした方がよいのかがわかってきます。心理をついた、面白い問題です。

【おすすめ問題集】

新運動テスト問題集、Ｊｒ・ウォッチャー28「運動」

問題41　分野：巧緻性（切る・貼る・塗る）

〈解答〉　省略

まずは、画用紙の角と角を合わせ、折り目にしっかりと筋をつけて折ることができましたか。太線を切ったら、中央部分はそのままにして、画用紙を反対に折り返すことができましたか。次に、橙色の○をちぎる作業があります。ちぎりは、左右の親指と親指、人差し指と人差し指を合わせ、線に沿って少しずつ切り取る作業です。これは、すぐには習得できないので、少しずつ練習する必要があります。ハサミの持ち方や紙の動かし方、切り取った後のごみの始末、糊の量や塗る場所、貼り方、セロハンテープの扱い、山折り谷折りの理解など、沢山の要素が含まれています。同時に、使った道具もきちん片付けることもとても大事です。画用紙１枚に沢山の作業が含まれており、全体を汚さないように心がけてください。

【おすすめ問題集】
実践 ゆびさきトレーニング①②③
Ｊｒ・ウォッチャー22「想像画」、23「切る・貼る・塗る」、24「絵画」

問題42　分野：面接（保護者面接・幼児面接）

〈解答〉　省略

以前は２次試験という形で面接が行われていましたが、2020年度から考査前に全員が面接を受ける形式に変更されました。また、2021年度は親子課題と生活巧緻性の課題が行われ、2022年度においてもその傾向は続きました。親子課題では何を答えるかというよりは、親子間（保護者間）でどのようなコミュニケーションがとられているかを観ているととらえてもよいでしょう。面接が変化し続けているので、2023年度入試でも新しい試みが行われる可能性もあります。型にはまった対策をするのではなく、どんな形でも対応できるように普段から家庭内での会話を多くし、理解し合うことに努めましょう。保護者の方は回答ばかりに意識がいってしまいますが、大切なのは、回答の背景です。

【おすすめ問題集】
新 小学校受験の入試面接Ｑ＆Ａ、家庭で行う面接テスト問題集、
保護者のための面接最強マニュアル

問題43　分野：数量（選んで数える、一対多の対応）

〈解 答〉　①真ん中（リンゴ）　②○：１個

①は単純な数量の問題に見えますが、答えるまでに「数える」「覚える」「比較する」という３段階のステップが必要になります。果物をそれぞれ数え、数えた数を覚え、その数を比較するという段階を経て正解にたどり着きます。もし、本問が不正解だったとしたらどの段階で間違えてしまったのかを確認するようにしてください。どこで間違えてしまったのかは、答え合わせをしただけではわかりません。お子さまが解答している様子を見るなどして、お子さまの得意不得意を把握するようにしてください。②は一対多の対応と呼ばれる問題ですが、本問ではぱっと見て答えを出せるレベルなので、確実に正解できるようにしておきましょう。

【おすすめ問題集】
Ｊｒ・ウォッチャー15「比較」、37「選んで数える」、42「一対多の対応」、58「比較②」

問題44　分野：数量（ひき算）

〈解 答〉　上の○を赤色で塗る、真ん中の○を水色で塗る

誰に何個あげるのかをしっかりと聞いて覚えておくことがポイントになります。解答用紙には示されていないので、問題を聞き逃したら答えることができなくなってしまいます。それだけではなく、解答の記入方法も覚えておかなければいけません。問題自体は単純なひき算と言えますが、覚えておかなければいけないことが複数あります。問題のレベルとしては基本レベルですが、問題をしっかり聞いて何を問われているのかを理解できているか否かが重要になってきます。お子さまにとっては意外と難しく感じるかもしれません。そんな時はおはじきなどを使って、数の変化を実際に見ながら学習していくと理解しやすくなるでしょう。

【おすすめ問題集】
Ｊｒ・ウォッチャー32「ブラックボックス」、38「たし算・ひき算１」、39「たし算・ひき算２」

問題45　分野：図形（点図形・模写、展開）

〈解 答〉　①省略　②左から２番目

①のような点図形の問題は、座標を意識することが大切になります。座標というのは右から○番目、上から×番目という図形の位置を表すものです。点図形を苦手にしているお子さまは、形を気にしすぎて座標をおろそかにしてしていまうことがよくあります。どこから線を引き始めるのかを意識するだけで改善されることも多いので、まずは線の始点を間違えないことを徹底していきましょう。②は４つ折りを一気に開くのではなく、まず１つ開いた２つ折りの形をイメージできるようにしましょう。難しく感じた時には、分けて考えることで理解しやすくなります。そうした、段階を踏んで考えることを繰り返すことで難しい問題にも取り組んでいけるようになります。

【おすすめ問題集】
Ｊｒ・ウォッチャー１「点・線図形」、２「座標」、５「回転・展開」

問題46　推理（比較）

〈解 答〉　①左から２番目　②左端

①はコップの大きさが同じなので単純に水面の高さを比較すれば答えることができます。②は水の量と角砂糖の数という２つの要素を踏まえて比較しなければいけません。まず、同じ水の量であれば角砂糖の数が多い方が甘くなるということが理解できていることが大前提になります。本問では水の量が２種類あり、少ない水は多い水の約半分程度と考えられるので、角砂糖の数をぞれぞれ２倍すれば、同じ量の水で角砂糖の数を比較することができます。また、こうした比較の場合、○番目に甘い（多い）ではなく、×番目に甘くない（少ない）といった逆の聞かれ方をすることもあるので注意しましょう。

【おすすめ問題集】
Ｊｒ・ウォッチャー15「比較」、58「比較②」

問題47　分野：言語（擬態語、しりとり）

〈解答〉　下図参照

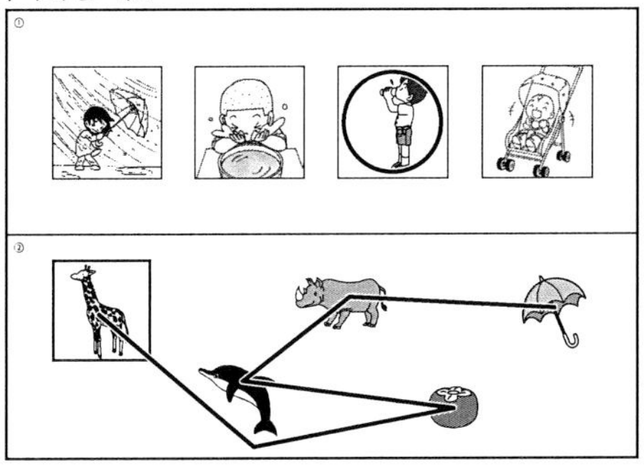

①は言語の問題で、こうした擬態語や動作を表す出題が増えてきています。単純にものの名前を知っているかどうかではなく、こうしたペーパーでは学習しにくい言葉を出題することで、どのように言語を学んでいるのかを測っているようにも感じられます。日常生活の中で機会を見つけて、積極的に声に出して伝えてあげるようにしましょう。②は最後のキリンを意識して後ろからつなげていこうとすると難しくなってしまうので、残りの４つ絵をつなげてキリンとつながるかを確認した方が効率的に進められます。また、解答はすべての絵を線でつなげることなので、最後のキリンも忘れずにつなげるようにしましょう。

【おすすめ問題集】

Ｊｒ・ウォッチャー18「いろいろな言葉」、49「しりとり」

問題48　分野：常識（季節、マナーとルール）

〈解答〉　①左端（春）　②左から２番目　③左から２番目（将棋）

①はお子さまも戸惑ってしまったと思います。「屋根より高い～♪」ではない方の「鯉のぼり」ですから、初めて聞いたお子さま（保護者の方）もいたのではないでしょうか。こうした機会に知識として覚えるようにしましょう。②はカレーライスに引っ張られないようにしてください。単純に正しいスプーンの持ち方を選べば大丈夫です。③は時事問題とでも言うのでしょうか、藤井聡太さんを知らなければどうしようもありません。こうした特殊な問題をあまり細かく気にしていてもきりがないので、こうした問題もあるということを意識しておく程度でよいのではないかと思います。

【おすすめ問題集】

Ｊｒ・ウォッチャー34「季節」、56「マナーとルール」

問題49　分野：巧緻性（制作・絵画）

〈解答〉　省略

２種類の課題の中に「ちぎる」「切る」「貼る（テープ、のり）」「折る」「描く（指示、自由）」「結ぶ」という制作のほとんどすべて要素が入っているので、基本的な作業はひと通り経験しておいた方がよいでしょう。ただし、制作物の出来が問われているわけではなく、指示されたことを理解して作業できているかが観られています。もちろんうまくできるに越したことはありませんが、指示通りに作業を進めることが最優先です。また、よく言われることではありますが、制作物が完成したら終わりではありません。きちんと片付けをするところまでが課題だということを徹底してください。

【おすすめ問題集】

実践 ゆびさきトレーニング①②③、Ｊｒ・ウォッチャー23「切る・貼る・塗る」

名進研小学校　専用注文書

年　　月　　日

合格のための問題集ベスト・セレクション

＊入試頻出分野ベスト３

1st 推理	2nd 常識	3rd 図形
思考力　聞く力	知識　公衆	観察力　思考力

ペーパーテストは幅広い分野から出題されていますが、それほど難しい問題はないので基礎基本を徹底することが当校の対策になります。ノンペーパーテストも多いのでバランスよく学んでいきましょう。

分野	書名	価格(税込)	注文	分野	書名	価格(税込)	注文
図形	Ｊｒ・ウォッチャー1「点・線図形」	1,650円	冊	数量	Ｊｒ・ウォッチャー39「たし算・ひき算2」	1,650円	冊
図形	Ｊｒ・ウォッチャー5「回転・展開」	1,650円	冊	数量	Ｊｒ・ウォッチャー42「一対多の対応」	1,650円	冊
推理	Ｊｒ・ウォッチャー6「系列」	1,650円	冊	言語	Ｊｒ・ウォッチャー49「しりとり」	1,650円	冊
常識	Ｊｒ・ウォッチャー11「いろいろな仲間」	1,650円	冊	巧緻性	Ｊｒ・ウォッチャー51「運筆①」	1,650円	冊
数量	Ｊｒ・ウォッチャー14「数える」	1,650円	冊	巧緻性	Ｊｒ・ウォッチャー52「運筆②」	1,650円	冊
推理	Ｊｒ・ウォッチャー15「比較」	1,650円	冊	図形	Ｊｒ・ウォッチャー53「四方からの観察　積み木編」	1,650円	冊
言語	Ｊｒ・ウォッチャー18「いろいろな言葉」	1,650円	冊	常識	Ｊｒ・ウォッチャー56「マナーとルール」	1,650円	冊
巧緻性	Ｊｒ・ウォッチャー23「切る・貼る・塗る」	1,650円	冊	推理	Ｊｒ・ウォッチャー58「比較②」	1,650円	冊
運動	Ｊｒ・ウォッチャー28「運動」	1,650円	冊		口頭試問最強マニュアル　ペーパーレス編	1,650円	冊
観察	Ｊｒ・ウォッチャー29「行動観察」	1,650円	冊		口頭試問最強マニュアル　生活体験編	1,650円	冊
推理	Ｊｒ・ウォッチャー31「推理思考」	1,650円	冊		1話5分の読み聞かせお話集①・②	1,980円	各　冊
推理	Ｊｒ・ウォッチャー32「ブラックボックス」	1,650円	冊		新口頭試問・個別テスト問題集	2,750円	冊
数量	Ｊｒ・ウォッチャー37「選んで数える」	1,650円	冊		実践 ゆびさきトレーニング①・②・③	2,750円	各　冊
数量	Ｊｒ・ウォッチャー38「たし算・ひき算1」	1,650円	冊		新小学校受験の入試面接Q＆A	2,860円	冊

合計	冊	円

(フリガナ) 氏　名	電　話 ＦＡＸ E-mail
住 所　〒　　　－	以前にご注文されたことはございますか。 有　・　無

★お近くの書店、または記載の電話・FAX・ホームページにてご注文をお受けしております。
電話：03-5261-8951　FAX：03-5261-8953　代金は書籍合計金額＋送料がかかります。
※なお、落丁・乱丁以外の理由による商品の返品・交換には応じかねます。
★ご記入頂いた個人に関する情報は、当社にて厳重に管理致します。なお、ご購入の商品発送の他に、当社発行の書籍案内、書籍に関する調査に使用させて頂く場合がございますので、予めご了承ください。

日本学習図書株式会社
http://www.nichigaku.jp

家庭学習をトータルサポート！ ニチガクのオリジナル 効果的 学習法

1 まずは アドバイスページを読む！

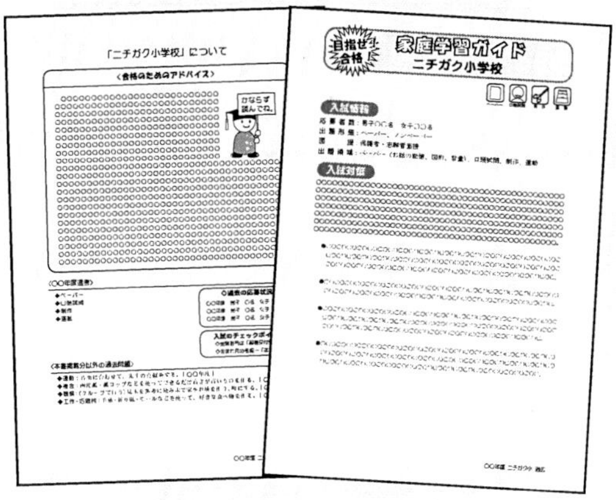

ピンク色です

対策や試験ポイントがぎっしりつまった「家庭学習ガイド」。しっかり読んで、試験の傾向をおさえよう！

過去問のこだわり

最新問題は問題ページ、イラストページ、解答・解説ページが独立しており、お子さまにすぐに取り掛かっていただける作りになっています。
ニチガクの学校別問題集ならではの、学習法を含めたアドバイスを利用して効率のよい家庭学習を進めてください。

2 問題をすべて読み、出題傾向を把握する

3 「学習のポイント」で学校側の観点や問題の解説を熟読

4 はじめて過去問題にチャレンジ！

5 プラスα 対策問題集や類題で力を付ける

各問題のジャンル

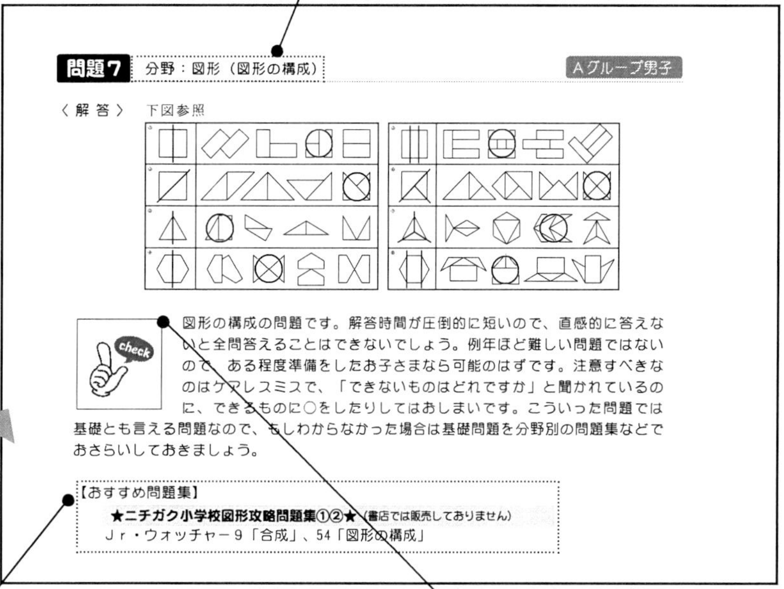

問題7 分野：図形（図形の構成）　Aグループ男子

〈解答〉　下図参照

図形の構成の問題です。解答時間が圧倒的に短いので、直感的に答えないと全問答えることはできないでしょう。例年ほど難しい問題ではないので、ある程度準備をしたお子さまなら可能のはずです。注意すべきなのはケアレスミスで、「できないものはどれですか」と聞かれているのに、できるものに○をしたりしてはおしまいです。こういった問題では基礎とも言える問題なので、もしわからなかった場合は基礎問題を分野別の問題集などでおさらいしておきましょう。

【おすすめ問題集】
★ニチガク小学校図形攻略問題集①②★（書店では販売しておりません）
Jr・ウォッチャー9「合成」、54「図形の構成」

学習のポイント

各問題の解説や学校の観点、指導のポイントなどを教えます。
今日から保護者の方が家庭学習の先生に！

おすすめ対策問題集

分野ごとに対策問題集をご紹介。苦手分野の克服に最適です！
＊専用注文書付き。

2023年度版　愛知県版　私立小学校　過去問題集

発行日　2022年9月21日
発行所　〒162-0821 東京都新宿区津久戸町 3-11-9F
日本学習図書株式会社
電　話　03-5261-8951 ㈹

詳細は http://www.nichigaku.jp　日本学習図書　検索